지적인
어휘
생활

지적인
어휘
생활

김점식 지음

틔움

    2022년 여름, 서울의 한 카페가 "심심한 사과 말씀을 드린다" 고 쓴 안내문을 두고 네티즌들이 "심심한 사과? 난 하나도 안 심심 해."라는 반응을 보였다. 처음에는 아재 개그를 하는 줄 알았다. 그 런데 정말로 지루하고 재미없는 사과로 해석해 카페 측을 비난한 것이라 한다. "심심甚深한 사과謝過"는 깊고 두텁게 잘못을 반성하 고 용서를 구하는 의미지만, 한자를 배우지 않은 세대들은 일상에 서 흔히 쓰는 의미로 받아들이기가 쉽다. 맛이 없는 사과沙果로!

    이렇듯 일상적인 언어는 물론이고 학습 언어에서도 말과 글의 진정한 의미를 파악하기 어렵다고 어른이나 아이 할 것 없이 고충 을 토로하고 있다. 문해력文解力의 저하가 바야흐로 국가적인 차원 에서 문제가 되고 있다.

    문해력이 떨어지는 이유는 우선 인쇄매체보다 동영상을 시청하 는 시간이 절대적으로 많아졌기 때문이다. 동영상은 시청자의 이 목을 끌기 위해 자극적인 색감과 감각적인 언어를 주로 사용한다. 그래서 어떤 말이나 글을 깊이 생각하기보다는 즉흥적으로 떠오르 는 느낌대로 의미를 파악하게 된다. 이에 더하여 우리말의 70퍼센

트 정도를 차지하는 한자어를 한글로만 표기하는 데서 오는 혼돈도 문해력 저하의 중요한 요소가 되고 있다. "심심한 사과"의 경우에도 한자가 같이 표기되었다면 헷갈릴 수 없는 말이다.

문해력 향상은 사회의 원활한 소통을 위해서 무척 중요하다. 그뿐만 아니라 효율적인 학습, 학문 연구를 위해서도 소홀히 할 수 없는 문제다. 그래서 교육부가 초등학교 국어 시수를 늘리는 등 다양한 노력을 하고 있다. 그러나 문해력 저하의 또 다른 요소인 한자 교육에 대해서는 여전히 무관심한 것 같다.

이 책은 문해력 향상을 위해 우리가 일상적으로 쓰는 어휘 가운데 본래 의미와는 다르게 알고 쓰는 사례 145개를 뽑아 정리했다. 이를 통해 감각과 느낌에 따라 사용하는 언어생활에서 이성적인, 성찰 중심의 언어생활을 하는 훈련이 되었으면 한다. 그리고 한자를 보다 깊이 알고 싶은 독자를 위해 각 한자에 대해 자세한 설명도 덧붙였다. 아무쪼록 이 졸저를 통해 독자들이 더욱 높은 차원의 언어생활과 문해력을 향상하는 데 마중물이 되기를 바란다.

마지막으로 이 책을 만들기 위해 직접 원고를 챙기시며 조언을 아끼지 않은 틔움출판 장인형 대표에게 진심 어린 감사의 뜻을 전한다.

2023년 8월 김 점 식

7
적당하지 않은 말

8
생각을
담은 말

일러두기

* 그 뜻과 달리 단순히 모양을 표현한 한자(三, 大, 八, 白, 日, 土 등)에는 독음을 달지 않았다.
* 한글과 같은 독음의 한자는 괄호 없이 표기했고, 다른 독음의 한자 혹은 부수는 괄호 안에 넣어 표기했다.

1

알고 보면 좋은 말

개판 오 분 전, 개는 억울하다

'개판 오 분 전'은 흡사 개들이 난리를 칠 것 같은 상황을 말하는 것으로 들린다. 하지만 개는 죄가 없다. 개가 의문의 일 패를 당한 것이다. '개 판 오 분 전'은 한자를 어떻게 쓰느냐에 따라 그 유래가 나뉜다.

개판開板이라고 쓰면 판으로 된 솥뚜껑을 열기 오 분 전이란 말이다. 한국 전쟁 당시 부산에서 피난민을 위해 무료로 음식을 제공하던 때가 있었다. 그래서 "개판오분전開板五分前"이라고 외치면 곧 뚜껑을 열어 배식을 시작한다는 말이다. 굶주린 피난민들이 무질서하게 모여든 상황을 일컫는다. 비슷한 이야기가 하나 더 있다. 포로수용소에 있던 중공군에게 배식을 시작한다는 의미의 중국어 카이판開飯의 발음이 와전되었을 가능성도 있다. 또 판을 새로 한다는 의미의 개改 자를 쓴다는 설도 있다. 씨름판에서 동시에 넘어져, 다시 한 판을 더 해야 할 때가 있다. 승부가 나지 않았으니 선수나 지지자들이 흥분했을 것이다. 이 상황이 개改판 오 분 전이라는 말이다. 경기를 다시 시작하기 전의 난장을 말한다.

난잡한 상황을 표현할 때, 개는 아니지만 갯과에 속한 이리와 관련된 말이 있다. 바로 낭자狼藉다. 말 그대로 이리가 자고 난 자리를 뜻한다. 이리는 깔고 자는 풀로 장난치는 걸 좋아해서 뒤죽박죽 지저분한데 그 모양을 가리키는 것이 낭자다. 개들의 무질서한 판을 개판이라고 한다면 그 뜻은 낭자란 말이 제일 근접할 것이다.

開(열 개)   문(門무169)에 달린 빗장(一)을 두 손(공廾무50)으로 여는 모습. 예) 개화開花, 개국開國

板(널조각 판)   날카로운 도구(厂)를 손(우又무30)에 쥐고 나무(목木무76)를 얇게 자르는 모습. 예) 칠판漆板, 목판木板

改(고칠 개)   改에서 기己무50는 본래 사巳. 뱀(사巳)을 때려(복攵무67) 자기에게 걸린 저주를 고치려는 주술적 의례를 표현. 예) 개혁改革, 개정改訂

飯(밥 반)   도구(厂)를 손(우又무30)에 쥐고 밥(식食무184)을 먹는 모습. 예) 백반白飯, 반점飯店

狼(이리 랑)   갯(견犭무95)과의 사나운 동물. 양良은 풍상風箱(엎치락뒤치락 세차게 움직여서 어지럽다는 뜻)으로 곡식에서 쭉정이나 먼지를 걸러낸다는 의미. 예) 낭패狼狽, 호랑虎狼

藉(깔개 자)   積(밭 갈 적)은 쟁기(뢰耒무128)로 밭을 가는 모습. 昔(옛 석)은 본래 햇빛(일日무73)에 고기를 길게 잘라 말리는 모습으로 腊(포 석)의 본래 글자. 포를 여러 개 엮어 놓듯이 풀(초++무141)을 길게 엮은 것이 깔개. 예) 빙자憑藉, 위자료慰藉料

기예를 펼치는 연기자, 기생

  인류의 삶과 그 방식을 송두리째 흔든 코로나 바이러스. 왕관 모양의 이 병독病毒도 세포를 숙주로 기생寄生하는 놈이다. 기생충寄生蟲이나 세균細菌처럼 세포를 이루지 못해 완전한 생명체는 아니다. 기생寄生을 우리말로는 더부살이라고 한다. 그래서 그런지 옛날 잔치에서 가무로 흥을 돋우던 기생을, 손님에 기생寄生해서 사는 여자로 생각할 수도 있다.

  그러나 기생妓生은 더부살이하는 여인이 아니라 엄연히 기예技藝를 가진 여성이다. 사지四肢, 곧 손과 다리를 나긋나긋 움직이며 춤과 노래를 부른다는 의미가 기技와 기妓에 있다. 기예技藝를 펼치는 자를 연기자演技者 또는 연예인演藝人이라 한다. 기생은 단순한 작부酌婦가 아니라 오랜 훈련을 통해 쌓아 온 기예를 펼치는 연기자였다.

寄(부칠 기)   손잡이가 달린 곡도曲刀의 모습이 기(亐)로 기剞(새김칼 기)의 본래 글자. 그 새김칼로 신줏단지(구口부의 ← ⋃)를 위협하여 기도를 성취하려는 데서 기奇는 기이하고 불안정하다는 뜻이 있다. 불안정해서 건물(면宀부의)에 의지하는 모습이 기寄. 예) 기숙사寄宿舍, 기탁寄託

妓(기생 기)　　　지支는 가지(지枝)를 손에 쥔 모습으로 손으로 도구를 능숙하게 사용하는 의미가 있다. 기예技藝, 특히 가무에 능한 여인이 기妓. 예) 기무妓舞, 가기歌妓

生부1여(날 생)　　　초목이 막 나오는 모습으로 씨앗이 발아하여 생성하는 것을 나타낸다. 모든 생명이 태어나는 것을 가리킨다. 예) 생물生物, 선생先生

두부가 발효식품?

　콩은 대표적인 단백질 식품이다. 그래서 채식주의자들은 단백질 공급원으로 단연 콩을 애용하는데, 흡수율을 높이기 위해서 청국장처럼 발효된 음식을 선호한다. 두부豆腐를 한자어로 보면 언뜻 콩(豆)이 발효(腐)된 것이 아닐까 하는 생각이 든다. 부腐가 '썩다'는 의미라서 발효의 뜻이 있기 때문이다.

　어쩌면 우리가 알고 있는 두부가 아니라, 발효식품으로 청국장이나 된장이 아니었을까 싶다. 그러나 여기서 부腐는 부패의 의미가 아니라 액체에 가까운 고체를 의미한다. 같은 의미로 요구르트를 유부乳腐라고 하며 두부를 얇게 썰어 기름에 튀긴 음식도 유부油腐라고 한다. 음식이 발효되면서 흐물흐물해진 모습을 보고 부腐라 했다.

豆(콩 두 **豆**) 　두豆는 본래 다리가 높은 식기의 모습. 좀(종콩 답)과 소리가 비슷해 두豆를 콩의 뜻으로 썼다. 예) 두죽豆粥, 완두豌豆

腐(썩을 부) 　부付는 다른 사람(인人부9)에게 물건을 손에 쥐여(촌寸부43)주는 모습. 여기에 건물(엄广부53)을 더한 부府는 백성으로부터 세금을 받는 관청의 모습. 그러나 부腐에서 부府는 내장을 뜻하는 부腑를 가리킨다. 내장(府←腑)은 잘 썩는 신체(육肉부131) 기관이라서 부腐는 '썩다'는 뜻을 갖는다. 예) 부후腐朽, 진부陳腐

무슨 일이든 해내는, 막무가내

　무데뽀를 다른 말로 막무가내莫無可奈라고 한다. 그런데 막무가내는 '되지 않는 일(무가無可)은 없다(막莫)'라는 뜻이다. 본래대로라면 우리가 아는 그 뜻이 아니다.

　도저히 어찌해 볼 수가 없다는 말은 무가내(하)無可奈(何)나 막가내(하)莫可奈(何)다. 『사기』 「혹리열전酷吏列傳」에 "반란군은 대규모로 험한 산천을 끼고 고을에 웅거하여 어찌할 도리가 없었다(복취당이조산천자復聚黨而阻山川者, 왕왕이군거往往而郡居, 무가내하無可奈何)."라고 나온다. 여기에 무가내하無可奈何라는 글이 있다. 무가내無可奈를 다시 부정하여 만든 막무가내莫無可奈는 '어찌 해 볼 수 없다'의 부정, 곧 '모든 일을 할 수 있다'가 되어야 하는데, 어쩐 일인지 같은 뜻으로 쓰인다. 앞의 막莫은 '무가내'가 갖는 부정의 의미를 더욱 강조하려고 갖다 붙인 것이다.

　'막무가내'는 한국에서만 쓰이고 중국이나 일본은 '무가내'라 한다. 문자 그대로 막무가내를 이해한다면 긍정적 마인드와 에너지를 가진 사람이다. 인간이 현재의 모습을 갖춘 것도 막무가내식 도전정신이 있었기 때문이다. 거친 지구 환경에서 단백질이 단세포가 되어 결국 복잡한 두뇌를 가진 인간으로 진화한 과정도 막무가내의 역사다. 거친 환경에서 불가능한 일을 욕망하고, 그 욕망이 현실이 되는 과정을 진화라고 한다면, 인간의 역사 자체가 막무가내의 역사라 해도 심한 말은 아니다. 막무가내라 불리는 사람 중에 불도저처럼 일을 추진하여 큰 업적을 쌓는 사람이 많다.

莫(없을 막)	잡풀이 우거진 사이(망茻)로 해(일日▸¹)가 지는 모습이다. 그러나 막莫이 부정사로 쓰이자 해(일日▸²)를 하나 더해 暮(저물 모)를 만들었다. 예) 막역莫逆, 적막寂寞
無(없을 무춖)	무녀가 소매에 너울을 걸치고 춤(무舞)을 추는 모습. 굿을 하는 무녀가 춤을 추어 무아지경無我之境의 상태에 빠진 것을 무無라 한다. 이 무아지경의 상태에서 빙의, 곧 신이 들린다고 한다. 예) 무사無事, 허무虛無
可(옳을 가)	신줏단지(구口▸³ ←ᴜ)를 나뭇가지(가丁)로 때려 신으로부터 허가許可를 받아내는 모습. 가뭄 등 심한 재앙에는 신을 협박하여 기도를 들어주도록 하는 풍습이 있었다. 예) 가련可憐, 재가裁可
奈(어찌 내·어찌 나)	본래 글자는 내柰로 제사(시示▸⁴)에 자주 쓰이는 능금나무(목木▸⁵)를 뜻했다. 이후 의문사 나那/여如와 소리가 통하여 의문사로 쓰인다. 예) 나락奈落, 내하奈何

어린 학동, 보리 문둥이

경상도慶尙道는, 이 지역의 대표 도시인 경주慶州와 상주尙州를 합친 이름이다. 그런데 왜 경상도를 영남嶺南이라 부를까?

이는 고개나 재의 남쪽이란 뜻으로, 재란 문경새재를 가리킨다. 새재는 한자어로 조령鳥嶺이다. 호수의 남쪽, 즉 호남湖南에는 논농사를 지을 수 있는 평야지대가 많지만 영남은 재가 많은 곳으로 보리농사가 주요 작물이다. 그래서 다른 지역 사람들이 경상도 사람을 볼 때 보리가 떠올랐을 것이다. 또 보리농사로는 가문이 번성하기 어려워 과거에 급제하여 출세하도록 아이들을 글공부에 매진하게 하는 경우가 많았다. 그 아이들을 문동文童이라 했다.

경상도 문둥이라고 하면, 이를 한센병 환자로 알기 쉬우나 사실은 어린 학동學童을 가리켰다. 그런데 영남의 지식인(남인)들은 조선 영조 초기에 이인좌의 난으로 회복하기 어려운 타격을 입어 중앙정치에 관여하기 힘들었다. 이들이 중앙정계에 관여할 수 있는 방법은 집단 상소였다. 상소를 올리기 위해 일군의 유생들이 한양 거리를 활보하는데 이들이 소위 경상도 문동文童들이었다. 경상도 사투리를 쓰는 시골 유생 복장과 풍모를 보고 영남의 보리 문둥(文童)이라고 불렀을 것으로 추측된다.

文^{부68}(글월 문 ⚚)   죽은 사람의 가슴에 X 혹은 심장 모양(♡)의 문신을 한 모습, 글이나 무늬 등을 뜻함. 출생 의례, 성인식, 장례식 등의 통과의례가 있으면, 항상 몸에 문신을 해서 나쁜 기운이나 세력이 접근하지 못하도록 했다. 예) 문학文學, 논문論文

童(아이 동 ▼)   본래 자형은 신辛^{부160}(←立) + 목目^{부110} + 동東(←里) 으로 이루어졌다. 눈(목目)을 침(신辛)으로 찌른 노예의 모습으로 동僮(하인 동)의 본래 글자다. 東은 소리 역할을 한다. 노예는 상투를 트는 것이 허락되지 않아 아이와 같이 다루었다. 예) 동요童謠, 동심童心

꿀처럼 달콤한 밀월여행

　한국의 전통적인 결혼은 여염집 사이에 매파가 다리를 놓아 합의하에 이뤄진다. 그에 비해 지금은 연애결혼의 빈도가 높아졌으며 결혼식도 서양 풍습을 따르고 있다. 신부는 면사포를 쓰고 결혼 예물로 반지를 교환한다. 결혼식이 끝나면 바로 신혼여행을 간다. 그런데 이런 서양 결혼식은 약탈혼의 풍속에서 비롯되었다는 설이 있다. 면사포는 남자가 여자를 보쌈해 올 때 쓰는 망에서 유래했고, 반지는 여자의 손목에 채웠던 수갑이 변한 것이다. 마지막으로 신혼여행은 보쌈당한 여자 가족의 눈을 피해 한동안 다른 곳에서 숨어 지낸 데서 유래했다는 것이다.

　바이킹 족속이나 했을 법한 약탈혼의 모습을 재현한 것이 서양의 결혼식인데, 전 세계 많은 사람이 따라 하고 있다. 그래서 그런지 신혼여행을 뜻하는 밀월여행을 무슨 비밀秘密스러운 여행으로 생각하기 쉽다. 그러나 밀월蜜月은 허니문(honeymoon)을 직역한 것이다. 풀어서 이야기하면 '꿀처럼 달콤한 기간'이다. 우리는 신혼의 달콤함을 깨가 쏟아진다고 하는 데 서양에서는 꿀처럼 달콤하다고 생각한 것이다. 만약 보쌈당한 신부에게도 밀월여행이라면, 마음으로는 보쌈당하기를 원했던 것일까.

蜜(꿀 밀)   밀密(숨길 밀·빽빽할 밀)은 사당(면宀부41)에서 언월도(필
                           必) 같은 무기에 불(山←화火부287)을 더한 모습으로 조상
                           신령의 안녕을 구하는 비밀 의례를 의미. 그래서 비밀/친
                           밀/엄밀의 뜻이 있다. 벌(훼虫부143)이 빽빽하게(밀密) 모
                           인 것이 밀蜜. 예) 밀랍蜜蠟, 봉밀蜂蜜

月부☾(달 월 ☽)   초승달의 모습. 그러나 월月부77은 부수로 月=肉(육 달 월)
                           로 쓰이며, '달'을 뜻하기도 하지만 대개 고기를 의미한다.
                           예) 월식月蝕, 정월正月

旅(나그네 려·군사 려)   씨족을 상징하는 기(언㫃 ⚑)를 받들고 한 무리의 사람
                           들(종㚵)이 나가는 모습. 그 군단軍團 또는 멀리 여행에 나
                           선 것을 일컫는다. 예) 여단旅團, 여로旅路

行부(다닐 행 ⚎)   사거리의 모습에서 길을 '다니다'라는 의미가 되었다. 예)
                           실행實行, 행적行跡

방정맞은 녀석에게 주는 상

"위 학생은 품행이 방정하고 성적이 우수하여 이 상장을 줌." 학창 시절에 받은 우등상장에 있는 글이다. 여기에 쓰인 '방정'에서 '방정을 떨다'가 연상되어 킥킥 웃었던 기억이 난다.

방정方正이란, '행동이 바르다'는 뜻이다. 그런데 '방정을 떨다', '방정맞은 녀석'의 경우 '방정'은 경망스러운 언행이나 그 사람을 가리켜서 방정方正과는 반대의 의미로 쓰인다. 대부분의 국어사전에서 실제로 '경박한 언행 또는 그 사람'을 '방정'이라 정의한다. 그렇다면 '방정'과 '방정方正'은 아무 관계가 없을까? 이를테면 '주책맞다'고 하면 줏대가 없이 되는대로 행동하는 것을 뜻한다. 이 말도 언뜻 술(주酒)의 책임(책責, 탓)으로 주정을 부린다는 의미와 비슷하다. 그러나 주책의 본말은 주착主着으로 '주관(主)이 뚜렷하다(着)'는 의미다. 착着에는 '착실着實하다'는 뜻이 있다. 그러니까 '주책'에 '떨다' 혹은 '맞다'라는 말이 붙으면 주책과 반대되는 행동을 의미한다. 그러던 것이 '떨다/맞다'가 생략되어 그냥 '주책스럽다'라고 해도 부정적인 의미가 되었다.

하나 더 예를 들자면 염치廉恥가 없는 짓을 '얌체'라 한다. 그러나 얌체는 염치의 변음變音으로 본래 같은 말이었다. '방정'도 이와 같이 '방정方正을 떨다'에서 '떨다'가 생략되어 그 자체로 부정적인 의미로 쓰인 것으로 짐작된다. 국어사전에서 방정 자체를 '줏대 없는 경박한 행동'이라 규정하는 것은 문제가 있다.

方부기(모 방 ﾁ) 나뭇가지에 이민족異民族의 시체를 매단 모습. 고대에는 경계(국경) 지역에서 사악한 기운 따위를 막기 위해 사용한 주술 방법이었다. 사방에 걸쳐있는 경계는 끝이고 그래서 '날카롭다·모나다'는 뜻이 된다. 또한 '사방/네모'의 뜻도 갖는다. 예) 방언方言, 입방立方

正(바를 정 ♀) 적의 성(─ ← 口)을 향해 진군(지止[부78])하는 모습. 본래 정복(정征)을 의미했다. 나중에 정복 전쟁을 정의正義로운 전쟁으로 미화하면서 정正에 '바르다'는 뜻이 생김. 예) 정통正統, 공정 公正

하늘을 섬기고 숲을 신성시한, 배달의 민족

　어느 민족이나 새로운 역사적 진로를 고민할 때 항상 탄생 신화를 중심으로 그 민족의 시원始原을 되돌아본다. 배달의 민족이라는 정체성은 우리 민족의 장구한 역사를 의미하는 든든한 신화적 뿌리에서 비롯되었다.

　다른 설도 없진 않지만, 배달倍達은 나무 이름 박달의 변음變音으로 하늘에서 환웅이 여러 신과 함께 신단수인 박달나무에 강림한 단군신화를 나타낸다. 단군檀君의 단檀은 박달나무를 뜻한다. 그래서 우리의 모든 전통 마을에는 신목神木인 박달나무를 대신한 당산나무가 있었다.

　배달의 민족은 하늘을 섬기고 나무와 숲을 신성시한 우리 민족의 시원과 역사를 담은 성어聖語다. 그런데 어느 날부터 음식을 배달配達하는 어느 플랫폼 회사의 상표로 퇴락해서 쓰이고 있다. 아무리 돈을 벌기 위한 방편이라지만 지켜야 할 경계가 있다. 그리고 그 회사가 외국 회사에 팔린 뒤 독점적 지위를 기반으로 횡포를 부린다고 한다. 이처럼 민족적 정체성을 표현한 성어가 그 뜻과 전혀 상관없는 내용으로 왜곡되어 쓰이는 것을 방조해서는 안 된다. 그렇게 못한다면 선조에

게나 후손에게나 부끄럽기 짝이 없는 노릇이다. 우리의 후세가 정말로 '배달倍達의 민족'을 '배달配達의 민족'이라 생각할까 걱정된다.

倍(곱 배)

부흠는 꽃의 씨방(口)이 익어 부풀어 마침내 과일이 되고, 암술과 꽃잎(立) 등이 갈라지는 모습. 부풀어 커지므로 배倍는 '사람(人)이 곱으로 늘어나다'라는 뜻이 된다. 배달倍達에서는 가차문자로 쓰였다. 예) 수배數倍, 배가倍加

配(나눌 배·짝지을 배 酏)

술통(酉부164) 앞에 무릎 꿇고 앉은 사람(己←巳부27)의 모습. 술을 나누어 주는 모습. 이로부터 짝을 정하는 배필配匹이란 뜻도 된다. 예) 분배分配, 배속配屬

達(통할 달)

달夆은 어미 양의 두 다리 사이(大)로 새끼 양(羊부124)이 태어나 떨어지는 모습. 아이가 쑥쑥 나오는 모습인 달夆에 착辶부162을 더한 달達은 왕래와 통달通達을 뜻한다. 예) 달관達觀, 송달送達

봉사와 소경, 받들어 섬기는 사람

『심청전沈淸傳』에서 주인공 청의 아버지 심학규는 '심봉사'라 불리는 맹인이다. 이들 성이 심씨인 것은 심沈 자가 '물속에 잠기다'는 뜻이 있어서다. 그때는 침沈으로 읽는다. 알다시피 심청은 아버지의 눈을 뜨게 하고자 공양미 삼백 석에 팔려 물에 빠진다. 그런데 맹인을 왜 봉사라고 불렀을까? 봉사라는 말은 남을 섬기는 '봉사奉仕' 관련이 있을까?

맹인을 의미하는 봉사奉事는 '받들어 섬긴다'는 뜻이다. 그리고 조선 시대에 군기시軍器寺 내의원 內醫院의 종8품 벼슬 이름이기도 하다. 고려시대에도 맹인을 명통시明通寺에 모아 점치는 일 등에 종사시켰는데 그중 소경少卿이라는 관직이 있었다. 봉사와 소경의 관직에 맹인이 적지 않았기 때문에 그대로 맹인을 지칭하는 말이 된 것으로 추측한다. 맹인은 눈이 보이지 않는 대신에 다른 감각기관, 이를테면 청각과 촉각 그리고 암기 능력이 발달하여 독경讀經과 점복占卜에 특히 뛰어난 능력을 발휘한다. 그래서 국가에서는 이를 활용하여 벼슬에 종사할 기회를 주었던 것이다.

특히 고대에는 이민족과 죄인의 눈을 멀게 해서 신神을 섬기는 일에 종사시켰다. 눈을 멀게 만들어 도망치지 못하도록 한 것이며, 신을 섬겨 죄를 씻도록 했다. 그런데 이들이 다재다능해서 현자賢者로 불리게 된 것이다. 현賢에 포함된 견臤은 눈(臣부13획)을 손(又부3획)으로 찔러 맹인이 된 자의 모습이다. 자원봉사의 봉사奉仕와 맹인을 뜻하는 봉사奉事는 의미가 조금 다르지만 '받들어 섬긴다'는 공통점이 있다.

奉(받들 봉) 나뭇가지(봉丰)를 손(廾부5획/手부0획)으로 받든 모습. 옛날 의례에서 나뭇가지(丰)는 신이 내려오는 곳이어서, 봉奉은 신을 맞이하여 섬기는 의미였다. 예) 봉헌奉獻, 봉송奉送

仕(벼슬 사) 사士부0획는 도끼날의 모습으로 전사계급을 나타내는 의례용 무기. 전사戰士가 되어 벼슬길에 나가는 일이 사仕. 예) 출사出仕, 근사勤仕

事(섬길 사) 깃발(一)이 달린 나뭇가지(丨)에 신줏단지(口부3획←ㅂ)를 붙여 손(크←又부3획)에 든 모습. 깃발이 달린 신줏단지를 들고 궁성 밖으로 나가 제사를 집행하는 모습에서 신을 섬기는 일이란 뜻이 되었다. 예) 사대事大, 사건事件

생각보다 높은 사람, 비서

비서秘書와의 성추문으로 자치단체장이 물러나거나 처벌을 받는 일이 자주 생긴다. 비서라는 말의 뜻처럼 외부에 노출되지 않는 비밀秘密스러운 업무처리 때문일까. 비서라는 말 자체는 본래 사람을 가리키지 않았다.

중국의 『한서漢書』에서 '궁중의 장서'라는 의미로 '비서秘書'가 처음 쓰였고 그 관청이 비서성秘書省, 관리자를 비서감秘書監이라 했다. 고려나 조선시대에도 비슷한 제도가 있었다. 경서와 축문 같은 중요한 문서를 관리하다가 나중에는 왕명의 출납과 기록까지 맡았다. 고위직의 기밀문서나 사무를 취급하면서 그 사람을 보조하는 사람이 영어에서는 '세크리터리secretary'다. 더 나아가 행정부를 관장하는 사람도 세크리터리라 한다. 이를 일본인이 처음에 서기書記로 번역하여 썼다. 이를 비서秘書와 합성하여 비서기秘書記로 쓰다가 비서秘書로 정착된 것이다.

지금 쓰이는 서기와 비서는 모두 영어의 secretary에 해당한다. 단순히 업무를 보조하는 사람을 비서라고도 하지만 당서기처럼 정당의 최고위 직책이 되기도 한다. 모 여대에 '비서학과'가 개설되었을 때 의아한 적이 있다. 비서를 하려고 정규대학에서 학문적으로 공부할 필요까지 있을까 하는 의문이 들었기 때문이다. 그러나 중요한 문서를 다루고 요직의 인물을 보좌하기 위해서는 외국어, 사교, 자료 정리, 접대 등 광범위한 지식과 기술이 필요하다. 하물며 당서기처럼 최고위층 임무를 수행하려면 어렸을 때부터 공부하고 훈련해도 부족할 것이다. 지금은 비서학과와 그 전공자들의 가치를 높이 평가한다.

祕(숨길 비)   필必(﬩)은 창과 도끼 같은 무기의 날 부분을 장착하는 모습으로 양쪽의 점(八)은 광택을 표현한다. 이 무기를 가지고 제사상(示) 앞에서 비밀스러운 의례를 하는 모습이 비祕다. 예) 비원祕苑, 신비神祕

書(글 서)   聿(붓 율)과 者(놈 자)의 조합. 者는 담(堵)을 만들 때 땅속에 주문呪文을 쓴 신줏단지(口 ← ㅂ)를 묻고 그 위를 나뭇가지로 덮은 모습. 주문을 서書라 하는데 외부의 사악한 기운을 차단하려는 것이다. 예) 서예書藝, 백서白書

홀로 좋아해서 스승으로 삼는다, 사숙

나는 졸저 『동이천자문』과 『한자, 우리의 문자』에서 저자 소개를 하는 가운데 일본의 석학 시라카와 시즈카白川靜 박사를 '사숙私淑'하였다고 적었다. 그런데 이를 본 독자나 지인이 일본에 가서 시라카와 박사로부터 개인적으로 교습을 받은 것으로 오해하는 경우가 있다. 아마 사숙私塾에서 공부한 것으로 여긴 듯하다.

맹자가 "나는 아직 공자의 제자가 되지는 못했다. 나는 은밀하게(사私) 이들(공자의 사상)을 다른 사람들에게 좋다고(숙淑) 한다(여미득위공자도야予未得為孔子徒也 , 여사숙제인야予私淑諸人也.)『맹자孟子, 이루하離婁下』"고 언급한 데서, 사숙은 존경하는 사람을 홀로 좋아하여 스승으로 삼아 배우는 것을 뜻한다.

시라카와 박사는 각고의 인내로 일생에 걸쳐 자신만의 학문적 방법론을 통해 한자를 새롭게 해석하고 중국학 전반에 걸쳐 혁신을 이루었다. 박사가 참신하게 개척한 학문의 세계는 지속적으로 인류의 미래를 밝히는 길잡이가 될 것이다. 나는 그분을 좋아하여 홀로 책과 비디오로 시라카와 시즈카 박사의 학문을 배웠다. 그래서 박사를 사숙했다고 한 것이다.

　반면에 사숙私塾은 선생이 자기 집 바깥채에 교육시설을 차려놓고 학생을 모집해 가르쳤던 학교를 말한다. 대개 숙식을 함께 하면서 사사로이 학문을 가르치던 곳을 일컫는다. 이에 비해 의숙義塾은 관리나 지역의 명망가들이 관청의 뒷마당 등에 교실을 마련하여 학생들을 모아 가르치던 곳으로, 공립학교에 해당한다.

私(사사로울 사)　벼(화禾　　)를 쟁기(사厶　　)로 가는 모습으로 개인이 경영하는 농장에서 일한 데서 사사롭다는 뜻이 생겼다. 예) 사익私益, 사립학교私立學校

淑(맑을 숙/좋을 숙)　언월도와 같은 무기(숙尗)를 손(又)에 쥔 모습이 숙叔. 숙尗의 아랫부분(八)은 언월도가 빛나는 모습. 언월도가 하얗게 빛나는 데서 맑고 좋다는 뜻이 있다. 이를 물(수氵　　)에 비유한 숙(淑) 또한 맑고 좋다는 뜻이다. 예) 숙명淑明, 정숙貞淑

塾(글방 숙)　숙孰(　　)은 시루(향享)에 음식을 넣고 두 손(丸←극丮)으로 익히는(숙孰) 모습. 글을노가리 노가리 노가리노가리. 익히는 곳(토土　　)이 숙塾. 예) 숙사塾舍, 가숙家塾

시쳇말, 시쳇병, 시체 물건

흔히 '시쳇말'이라는 말을 쓰면 점잖지 못한 표현으로 이해된다. 시체처럼 더럽고 천박한 말이 아닐까 짐작만 하고 있었다. '시체屍體의 말'이라 이해하기엔 탐탁지 않았지만 그냥 지나치고 살아왔다. 그런데 우연히 이를 한자로 보게 되었다. 놀랍게도 시체屍體가 아니라 시체時體였다. 그 뜻은 '그 시대에 널리 유행하는 것'이다. 시체 학생 혹은 시체 물건처럼 시체時體 다음에 다른 말을 연결하면 '요즘'의 뜻으로 쓰인다. 시체 학생은 요즘 학생, 시체 물건은 요즘 물건이 된다. 한글로만 표현하면 섬뜩한 느낌이 들지만 한자로 보니 전혀 다르다.

時(때 시) 寺(절 사 ✦)는 발(지止足之足)을 손(촌寸止之)에 쥔 모습. 본래 持(가질 지)의 의미로 쓰였고 지속持續의 의미가 있다. 여기에 때를 나타내는 일日量之量을 더한 시時는 시간 혹은 시기를 나타낸다. 예) 시대時代, 상시常時

體(몸 체) 骨(뼈 골)과 豊(풍년 풍 ✦)의 모습. 豊은 그릇을 나타내는 豆量之量(콩 두)에 많은 곡식을 더한 모습으로 제사를 지낼 때 제물이 풍성한 것을 말한다. 이에 골骨을 더한 체體는 제사 대 바치는 희생물의 몸을 의미. 예) 체력體力, 성체成體

3연패와 연패의 늪

연패라는 말을 신문이나 방송에서 자주 보고 듣는다. "두산 베어스 3연패". 언뜻 보면 3번 연이어서 졌다는 말 같아 두산 팬이라면 실망할 수도 있다. 그런데 이 말이 3번 연속 우승했다는 말이 되기도 한다. 즉 3번 연속 패권覇權을 잡았다는 말이다. 어떻게 같은 말인데 그 의미는 정 반대가 될까?

패라는 음을 갖는 한자가 진다는 의미의 패敗, 으뜸이라는 의미의 패覇가 있기 때문이다. 발음은 같지만 의미와 모양은 전혀 다르다. 연패를 한자로 쓰지 않아도 문맥상 어느 정도는 구분할 수 있다.

연패連敗는 연속해서 지는 것이고 연패連覇는 같은 종목의 연속되는 시즌에서 우승한 것을 의미한다. 그래서 부정적이거나 각각의 경기를 의미하는 말과 함께 쓰면 연패連敗, 반대로 긍정적이거나 대회 혹은 시즌을 의미하는 말과 함께 쓰면 연패連覇로 이해해야 한다.

이를테면 "연패의 늪에 빠지다"에서는 연패連敗, "대회를 연패하다"에서는 연패連覇가 된다. 그러나 "두산 베어스 3연패"처럼 맥락을 알수 없는 제목을 접하는 경우에는 그 뜻을 확정하기 어렵다. 이럴 때는 한자를 병기하는 것이 바람직하다.

連(잇닿을 련) 본래 손수레(차車^{부150})를 끄는(착辶^{부162}) 모습이지만 발음이 聯(잇닿을 련)과 통하여 그 뜻도 함께 쓰인다. 聯은 전쟁에서 적을 죽인 공적을 확인하기 위해 귀(이耳^{부128})를 실(사絲)에 꿴 모습. 예) 연쇄連鎖, 연락連絡

敗(질 패) 보물(패貝^{부154})을 때려(복攵^{부66}) 훼손하는 모습으로 지거나 잃는다는 의미가 있다. 예) 패배敗北, 패주敗走

霸(으뜸 패) 본래 모습은 패霸. 동물의 사체(혁革^{부177})가 비바람(우雨^{부173})에 풍화되어 그 색이 달빛처럼(월月^{부74}) 하얗게 바랜 모습이다. 霸가 伯(우두머리 백)과 발음이 유사하여 우두머리나 으뜸을 뜻하게 되었다(중국어 발음으로 霸는 빠, 伯은 보어). 또 패자霸者가 되기 위해서는 오랜 세월 비바람을 견뎌내는 인내가 필요하다. 예) 패권(霸權), 제패制霸

연세 드신 할아버지를 높여 어르신이라 부르기도 하고 영감님이라 부르기도 하다. 경우에 따라서는 영감탱이라고 홀대해서 부르기도 한다.

영감은 할머니가 남편인 할아버지를 부를 때도 쓴다. 또 고위직에 속하는 군수나 검사를 존칭할 때 이 말을 쓰기도 한다. 이렇게 평범한 사람에서부터 고위직에 이르기까지 다양하게 불리는 영감은 본래 어떤 말이었을까?

영감令監은 조선시대에 정삼품과 종이품의 벼슬아치를 일컫는 말이었다. 종이품은 지금의 차관급이니 상당히 높은 직제에 속한다. 아마 연세 드신 할아버지를 높여 부르기 위해 관직에서 빌려 쓴 말이라 생각된다. 연세 지극한 할머니를 낮추어 할망구라고도 부른다. 이 말도 영감탱이처럼 처음부터 홀대하는 말은 아니었다. 망구望九는 구십 세를 바라본다는 의미로 여든한 살이 된 사람을 부르는 말이었다.

이처럼 본래 존칭이었으나 시대가 지나면서 낮잡아 이르게 된 말이 적지 않다.

令(하여금 영) 고깔(스)을 쓴 채 고개(령領)를 숙이고 무릎 꿇고 앉아(卩) 신의 명령命令을 받는 모습. 명령의 뜻에서 관청의 수장을 의미하기도 하며 신의 뜻을 따르는 것이어서 '아름답다'는 의미도 있다. 예) 교언영색巧言令色, 군령軍令

監(살필 감) 사람(인人^부)이 고개를 숙여 그릇(명皿^{부106})에 담긴 물(ㆍ)을 보는(신臣^{부131}) 모습. 본래 거울(감鑑)의 뜻이었다. 예) 감독監督, 대감大監.

望(바라볼 망) 정壬(壬)은 물건을 높이 들고 서있는 사람의 모습. 똑바로 서서(정壬) 달(월月^{부70})을 바라보는 것이 망望. 여기서 망亡은 물론 소리 역할이지만 도망逃亡간 사람이 돌아오기를 달을 보며 대망待望하는 구조로 봐도 무방하다. 본래는 망亡 대신에 신臣^{부131}을 썼다. 예) 희망希望, 망부석望夫石

九(아홉 구) 용이나 뱀과 같은 파충류의 모습. 같은 모습의 훼虫^{부143}가 수컷이라면 구九는 암컷으로 이들이 교미하는 모습이 우禹. 가차하여 아홉의 뜻으로 쓰인다. 예) 구사일생九死一生, 구중九重

"그는 우직스럽고 충성스러웠다. 요령을 쓰거나 꾀를 부리지 않았다." 이병주 작가의 『지리산』에서 쓰인 것처럼 '요령'은 대개 적당히 위기를 모면하려는 잔꾀 혹은 일을 처리하는 잔기술을 가리키는 경우가 많다. 그런데 요령要領이란 일차적으로 허리와 목덜미를 가리킨다. 인체의 가장 중요한 부분이다. 목과 허리가 없으면 죽은 것이므로 생명의 의미에 가깝다. 가장 긴요하고 으뜸이 되는 것이다. 그러나 조직이나 사무에서 근간을 일컫던 '요령'이 지금은 잔꾀 등의 부차적인 의미로 전락하였다. 언어만 그런 것이 아니다. 용두사미라는 말처럼, 일을 시작할 때는 대개 소명과 목적이 뚜렷하지만 중도에 사소한 문제에 부딪혀 요령要領을 잊어버리기 쉽다. 그래서 중도에서 처음의 그 요령(소명과 목적)을 확인하는 것도 일의 요령이다.

要(중요할 요) 여인(녀女)의 허리() 모습. 옛 자형에 있는 구曰는 골반. 要가 '중요하다'는 의미로 쓰여 腰(허리 요)를 만들었다. 예) 긴요緊要, 요망要望

領(고개 령) 령令()은 고깔을 쓰고 고개를 숙여 신의 명령命令을 받는 모습. 여기에 혈頁을 더한 領은 고개. 고개를 숙이고 명령을 받는 모습에서 영수領收/지배支配의 뜻도 있다. 예) 대통령大統領, 점령占領

중생과 짐승은 모두 생명을 지닌 존재

짐승은 우리말 같지만 실은 중생衆生이 와전된 말이다. 중생은 생명을 지닌 모든 존재를 가리킨다. 불교에서는 현실에 존재하는 동물은 물론 용과 같은 상상의 동물도 중생으로 간주한다. 인간과 동물 사이에 절대적인 차이가 없으며 모두 윤회하는 영혼이 머무는 상태라고 보기 때문이다.

짐승은 중생과 같은 말이지만 부정적인 느낌이 있다. 중생의 범위를 좁혀 아직 미혹에 빠져있는 생물을 가리킨 듯하다. 조선 중기부터 사람 이외의 동물을 특정하여 가리킨다. 어쨌든 불교에서는 짐승도 일체의 중생이며 불성을 가진 존재다.

지금 반려동물이라 해서 짐승에 대한 생각과 태도가 바뀌긴 했지만, 병이 들거나 부담이 되면 버리는 경우도 종종 볼 수 있다. 짐승과 중생이 본래 같은 말임을 안다면 동물을 학대하거나 버리는 일이 줄어들지 않을까?

衆(무리 중)　　　현재 자형(衆)은 눈(목目 ）아래 세 사람이 모여 있

는 모습. 한자에서 셋은 여러 개를 가리킨다. 눈은 신臣
이나 민民처럼 눈을 찔린 노예의 의미가 있다. 예) 관중
觀衆, 민중民衆

生부0이(날 생 ⚡)　초목이 막 나오는 모습으로 씨앗이 발아하여 생성하는 것
을 나타낸다. 모든 새로운 생명이 태어나는 것을 의미. 예)
생물生物, 선생先生

2

제대로 알아야 좋은 말

그 지역 고유의 문화를 배운다, 관광

2020년 초부터 전 세계적으로 유행하기 시작한 코로나 감염병으로 관광산업이 큰 타격을 입었다. 국내외를 가리지 않고 관련 업계가 입은 피해는 다른 업종에 비해 치명적이었다. 각국의 관광산업 매출은 코로나 감염병으로 절반 이하에 그쳤다.

'관광'은 무슨 뜻일까? 단순히 경치나 경관을 보러 다니는 것이라면 '관경觀景', 그저 보러 다닌다면 '관행觀行'이라 하는 편이 낫다. '관광觀光'에는 보다 넓고 깊은 뜻이 있다.

중국 『역경易經』에 '관국지광觀國之光'이란 말이 있는데, 이는 '나라의 위광威光을 관찰한다'고 번역된다. 위광이란 달리말해 위대한 문물文物을 가리킨다.

관광은 본래 경치보다는 문화 혹은 문물을 보고 배우는 의미가 강하다. 물론 광光에 풍광風光 혹은 광경光景 등의 뜻도 있으므로 수려한 경치를 감상하는 것도 포함된다. 그래서 관광은 그 나라 혹은 지역의 고유한 문화와 수려한 풍경을 접하고 느끼는 일, 더 나아가 좋은 점을 배우는 여행이라고 할 수 있다.

물론 자기 삶의 현장을 벗어나 생활의 긴장을 풀고 휴식을 취하는 것도 관광의 주요한 목적이다.

觀(볼 관)	황새처럼 깃털이 달린 새(雚 황새 관)를 자세히 보는(견見[주14]) 모습. 고대에는 철새가 날아오면 비로소 농사를 시작하는 데, 그 모습에 따라 농작물의 종류와 파종 시기 등을 결정했다. 그래서 철새를 자세히 살필 필요가 있었다. 예) 관람觀覽, 경관景觀
光(빛 광)	화火[주15]와 인儿[주16]의 조합. 불을 관장하는 사람의 모습. 예) 광화문 光化門, 각광脚光

정치인들 사이에서 특히 "금도를 넘어섰다"라는 말이 많이 쓰인다. 권력이란 꿀처럼 달콤해서 이를 손에 넣고자 많은 정객政客이 상대를 향해 극도로 험한 말을 하다 보니 그러는 것 같다. 그만큼 권력이란 냉혹하고 잔인하다.

금도라는 말은 언뜻 금기禁忌와 의미가 비슷해 보이지만 전혀 다르다. 금도襟度란 아량雅量과 가까운 말로 남을 포용할 수 있는 관대한 마음을 뜻한다. 금도에서 금은 금지를 뜻하는 금禁이 아니라 옷깃을 뜻하는 금襟이기 때문이다.

옛사람들은 옷을 영혼을 감싸는 것으로 여겼으므로 가슴에 있는 옷깃은 영혼이 들고 나는 곳이다. 옷깃을 여며 외부의 사악한 영이 들어오는 것을 금禁한다. 그래서 옷깃을 뜻하는 금襟에 금지를 뜻하는 금禁이 들어 있다. 금襟은 이처럼 옷깃의 뜻을 넘어 금도襟度나 흉금胸襟처럼 마음을 뜻하는 경우가 많다.

襟(옷깃 금) 금衿과 금袊도 같은 자. 금禁(금할 금)은 성스러운 공간인 숲(林 수풀

림)에서 제사상(시示)을 놓고 의례를 행할 때 잡스러운 귀신이나 사람의 출입을 막는다는 의미. 금衿의 금今도 그릇 따위를 덮는 마개의 모습으로 '덮다'는 뜻이 있다. 예) 금대襟帶, 심금心襟

度(법도 도)   석席(자리 석)의 생략형과 우又의 조합. 자리의 크기가 길고 짧음의 기준이었기 때문에 도度는 측량이나 도량度量의 뜻이 있으며, 더 나아가 법도法度나 제도制度의 뜻도 갖는다. 예) 석권席卷, 방석方席

황금과는 상관 없다, 금자탑

흔히 한글을 한민족 문화의 찬란한 금자탑이라고 한다. 금자탑은 후세에 길이 남을 뛰어난 업적을 가리킨다.

그래서 금자탑이라고 하면 황금으로 된 불후不朽의 탑이 아닐까 추측한다. 그런데 금자탑金字塔은 금金 자字 모양의 탑이라는 뜻일 뿐 황금과는 아무런 관련이 없다. 피라미드가 삼각형이어서 그 모양이 금金 자에 포함된 집스 자와 닮았기 때문에 붙인 이름이다. 정확히는 집자탑스字塔 혹은 삼각탑이 더 적당하다. 다만 황금처럼 불후의, 위대한 탑의 의미까지 생각하면 금자탑이 더 어울린다.

이 말은 고전 한문에서는 찾아볼 수 없다. 그저 일본에서 '피라미드'의 번역어로 만들었을 것으로 추정된다. 그래서 '한글은 우리 민족의 금자탑'이라는 말은 어울리지 않을 수 있다. 한민족이 세계적으로 자랑하는 글을 굳이 일본인이 만든 번역어를 사용하여 설명할 필요가 없기 때문이다.

'기념비적 문자' 혹은 '위대한 업적'이라 해도 큰 무리가 없다. 근대화를 일찍 시작한 일본은 서양의 언어를 한국보다 먼저 받아들여 번역했다. 따라서 한국이 이를 받아 쓰는 것도 감수할 수밖에 없다. 그러나 대체할 수 있거나 정확하지 않은 말까지 받아들일 필요는 없다.

金(쇠 금 金)   거푸집, 즉 금형金型에 동괴銅塊를 넣은 모습. 丶가 동괴. 예) 금융金融, 황금黃金

字(글자 자)   사당(면宀부수)에서 아이(자子부수)의 출생을 조상에게 보고하는 의례의 모습. 이 의례에서 비로소 이름인 자字가 주어지는 데 이것이 소자小字다. 나중에 글자라는 의미도 생긴다. 예) 자서字書, 한자漢字

塔(탑 탑)   범어인 스투파(stupa)의 음역으로 만들어졌다. 스투파는 본래 '유골을 매장한 무덤'을 의미한다. 荅(팥 답)이 부수. 탑塔은 위에 쌓아 올리는 것으로, 짐(사람)을 그렇게 하는 것은 搭(탈 탑)이 된다. 예) 탑신塔身, 다보탑多寶塔

초보자는 다 미련하다

가끔 '미련하다'는 생각이 드는 사람이 있다. 머리가 나빠 멍청하고 아둔하다는 비난이다. 누구든 이 말을 들으면 기분이 나쁘거나 심하면 평생 마음의 상처가 된다.

그런데 이 말을 한자어로 보면 미련未練, 즉 아직 연습이 부족하다는 정도의 의미다. '미숙未熟'이라는 말과 비슷하다. 어느 분야이건 초보자라면 사실 미련할 수밖에 없다. 그러니 이 말 자체는 비난이라기보다 어쩌면 격려와 공감의 말이 될 수 있지만 지금은 비난의 의미로 고정되었다.

'미련'은 같은 말이지만, 뜻이 좀 다르게 쓰이기도 한다. "속세에 미련을 버린 그 화가는 산사로 들어가 칩거했다."에서 미련은 집착을 의미한다. 그런데 이 말의 한자어 역시 미련未練이다.

오히려 사전을 찾아보면 아둔하다는 의미의 미련에는 한자를 덧붙이지 않는데 집착의 의미로서 미련에는 한자를 병기하는 경우가 많다. 집착의 뜻으로 쓰인 미련은 아마도 미련未練의 파생적 의미로 보인다. 아직 성숙하지 못한 상태, 곧 미련한 상태에서 한 일이라 아쉬움이 남기에 쉽게 생각을 끊지 못해 생긴 부가적인 뜻이다.

누구나 처음은 다 미련할 수밖에 없으니 용기를 잃지 말고 한걸음씩 나간다면 숙련되고 영리해질 수 있다.

未(아닐 미)   나무(목木)의 가지와 잎이 무성해가는 모습(一)으로 아직 젊다는 뜻이 있다. 완전하게 자란 것이 아니어서 부정의 의미로도 쓰인다. 예) 미숙未熟, 미래未來

練(익힐 련)   간束(束)은 자루에 물건을 넣어둔 모습. 열을 가해 실(멱糸)을 부드럽게 누이는 것을 련練이라 한다. 쇠(금金)를 달구는 것도 련鍊. 예) 연습練習, 숙련熟練

널리 알 것인가 깊이 알 것인가, 박학

『지적 대화를 위한 넓고 얕은 지식』이라는 책이 있다. 처음 책이 출판된 이래 인문 교양 분야에서 폭발적인 인기를 끌어 비슷한 종류의 책이 이어지고 있다. 여기서 넓고 얕은 지식을 한자로 표현하면 박학博學과 박학薄學이다. 전자는 널리 안다는 뜻이고 후자는 얕게 안다는 뜻이다. 그렇지만 한글로는 같은 표기여서 혼란스럽다.

널리 알려진 박학다식博學多識은 배움이 넓고 아는 것이 많다는 의미다. 박학다식薄學多食이란 말도 있다. 공부는 안 하면서 많이 먹기만 한다는 우스갯소리다.

널리 안다는 것은 대개 얕게 안다는 것을 의미한다. 여러 분야를 섭렵하다 보면 깊이 알기가 쉽지 않다. 반대로 전문 분야를 정하고 집중적으로 공부해야 깊은 지식을 쌓을 수 있다. 그래서 박학博學과 박학薄學은 뜻이 서로 대립하면서도 통한다.

그런 의미에서 박사博士라는 말은 어울리지 않는다. 박사는 보통 특정 분야에서 깊은 지식을 쌓은 사람인데 한자로는 넓게(博) 공부한 선비(士)를 뜻하기 때문이다.

博(넓을 박) 묘목(보甫 🜲)을 손(촌寸)으로 감싸서 널리(십十²)
심는 모습. 보甫는 묘목의 모습. 예) 박애博愛, 해박該博

薄(얇을 박) 尃(펼 부)는 묘목(보甫)을 손(촌寸)으로 감싸 널리 심는
다는 의미가 있다. 물(氵)이 고이지 않고 퍼지면 깊이는 얕
아진 데서 박薄은 '얕다'는 뜻. 예) 박복薄福, 박대薄待

學(배울 학 🜲) 옥상(宀) 양단에 X자 모양으로 교차시킨 목재(爻)가 있는
건물에서 아동(子)들이 공부하는 모습. 국臼은 두 손의 모
습으로 나중에 추가되었다. 예) 학습學習, 학문學問

코로나 바이러스로 사회적 거리 두기가 일상이었던 때가 있다. 필수 불가결한 외출을 삼가면서 시장에서 직접 장을 보는 일이 줄었다. 그래서 언론에 아래와 같은 글을 접할 수가 있다.

* 인터넷으로 물건을 구매하다 보니 택배로 '반송'하는 경우도 많아졌다.
* 운반비를 절약하기 위해 다른 상품도 '반송'하도록 주문하다 보니 필요하지 않은 물품을 사는 경우도 간혹 있다.
* 여하튼 시간과 수고를 대폭 줄여주는 홈쇼핑이지만 직접 보거나 입어 본 상품이 아니라서 만족스럽지 않을 가능성도 높다. 그래서 불만족 상품을 '반송'하기도 한다.

위 문장들에서 '반송'이란 말이 반복되어 혼란스러울 수 있다. 처음의 반송搬送은 '운반', 두 번째 반송伴送은 '함께 보냄', 세 번째 반송返送은 '돌려보냄'을 의미한다. 이런 경우에는 한자를 함께 써준다면 그 뜻이 분명해짐은 말할 나위가 없다.

搬(옮길 반)　반般은 그릇(주舟^{부138}←皿^{부109}) 안에 있는 음식을 푸는 모습(수殳^부⁸⁰)으로 그릇을 뜻하는 반盤의 본자. 그릇(반般)에 담은 음식을 손(재扌^{부60}←수手^{부64})에 들고 옮기는 것. 예) 반출搬出, 운반運搬

伴(짝 반)　희생으로 쓸 소(우牛^{부93})를 양쪽(팔八^{부12})으로 자른 모습. 본래 한 몸이었다가 나누어진 한쪽 편. 예) 반려동물伴侶動物, 동반자同伴者

返(돌이킬 반)　절벽(엄厂^{부27})에 손(우又^{부30})을 걸쳐 더위잡고 거슬러 오르는 모습. 거슬러 오르는 데서 반대反對의 뜻이 생겼다. 반反에 착辶^{부162}을 더해 방향을 '돌려보내다'는 뜻. 예) 반납返納, 반환返還

送(보낼 송)　송夫(🖐)는 양손으로 물건을 들어 바치는 모습. 송夫에 착辶^{부162}을 더해 물건을 보낸다는 뜻. 예) 송별送別, 환송歡送

생사여부를 전하는, 소식

전 세계적으로 감염병이 유행하면, 멀리 떨어져 사는 친척과 지인의 소식이 더욱 궁금하다. 지금이야 정보통신 환경이 말할 수 없이 발전하여 즉각 소식을 주고받을 수 있다.

그렇지만 사정이 여의치 않았던 시절에는 지인이나 친척의 안부가 애타게 궁금했다. 꼭 전염병이 아니더라도 군역이나 노역에 동원된 친지의 생사는 초미의 관심사였다.

소식消息이란 그처럼 생사를 지칭하는 말이었다. 지금이야 사소한 내용도 소식이라 하지만, 소消는 '사라지다, 죽다', 식息은 '생기다, 살다'는 뜻이다. 한마디로 생사가 '소식消息'의 본래 의미다. 그로부터 사람이나 일의 변화나 동정動靜 등을 표시하게 되었다.

더구나 소식을 전하는 편지의 의미로 변하기도 했다. 하지만 지금 편지는 소멸했고 인터넷을 통한 다양한 문자 메시지가 그 자리를 대신하고 있다. 편지가 소멸하면서 친지를 애타게 걱정하던 마음도 사라지지 않았나 하는 아쉬움이 든다.

消(꺼질 소)　　肖(닮을 초)는 소小를 포함하여 '작다, 사라지다'는 뜻이 있다. 이에 물(氵)을 더한 소消는 불 등을 끄는 의미가 된다. 예) 소방消防, 말소抹消

息(숨쉴 식)　　자自는 코의 모습으로, 여기에 심心을 더한 식息은 호흡을 뜻한다. 코로 호흡하는 일은 생명의 증표다. 예) 식녀息女, 안식安息

이사를 준비하는 사람은 '손 없는 날'을 알아본다. 언뜻 듣기에는 손損, 곧 손해가 없는 날로 이해된다. 그러나 손은 '손님'이라고 할 때의 손이다.

지난날에 천연두 같은 전염병을 역신疫神으로 보고 '손님마마'라 불렀는데 한마디로 귀신을 가리킨다. 이들은 인간세계에 온갖 해악을 끼치므로 푸닥거리를 해서 달래거나 내쫓는다.

특히 '손 없는 날'에서 일컫는 손은 열흘 중 매 이틀마다 동(1, 2)·서(5, 6)·남(3, 4)·북(7, 8)을 배회하고 마지막 이틀은 쉰다고 한다. 그 마지막 이틀인 음력 9, 10일은 어느 방위에서도 '손 없는 날'이 된다.

손님은 한자로 객客인데, 이 자도 본래 신줏단지(구口 ← ᄂ)에 담긴 기도에 응하여 사당(면宀)에 내려온(치夂) 귀신을 의미한다. 영어로 유령을 뜻하는 ghost도 guest(손님)와 어원이 같다.

동서양을 막론하고 손(님)은 본래 귀신이었다는 사실을 알 수 있다. 해를 끼치는 손이든 조상의 신령이든, 모두 정성스럽게 대접해서 액을 피하고 복을 부르려 했다.

損(덜 손)　　　원員(䚦)은 입구가 둥글고(口) 발이 세 개인 솥(패貝^{부154}←정鼎^{부206})
　　　　　　　의 모양. 솥의 다리가 손상損傷되어 손을 보는(수手^{부65}←才^{부64}) 모습.
　　　　　　　예) 훼손毁損, 손해損害

客(손님 객)　　제사를 지낼 때 신줏단지(구口^{부31} ← ㅂ)의 기도에 응하여 사당(宀^{부40})
　　　　　　　에 신령이 강림(치夊^{부35})하는 모습. 옛적에는 신령을 객客, 곧 손님이
　　　　　　　라 불렀다. 예) 여객旅客, 상춘객賞春客

처음엔 좋았다가 점점 싫어지는, 염증

한국 사람은 매일 밥과 김치를 먹어도 쉽게 질리지 않는다. 그러나 대부분의 음식은 계속 먹다 보면 질리기 마련이다.

'질리다'라는 표현에 해당하는 한자어가 염증厭症이다. 염증이 싫증과 같은 말이라는 주장도 있다. 그렇지만 단순한 싫증과는 다르다. 어떤 이유에서든 처음부터 싫어하는 것이 싫증이고 처음에는 싫지 않았으나 계속된 접촉으로 싫어지게 된 것이 염증이다.

사람이든 음식이든 사물이든, 처음에는 좋고 새로웠지만 자주 접하면서 물리게 되는 경우에 해당한다. 음식의 경우 맛이 있어서 배가 터지도록 먹어 결국 싫증이 난 것이다. 만족이 곧 염증을 불러온 것이므로 무엇이든 적당히 채우는 것이 좋다.

또 염증厭症이 가진 부정적인 느낌 때문에 부어서 열이 있는 상태를 가리키는 염증炎症과 같은 말로 생각할 수 있다. 염증炎症을 좋아하는 사람은 없으므로 이를 싫어하는 뜻으로 오해한 경우다.

厭(싫을 염)

연猒(𤉲)은 개의 어깨 살 모습. 성소(엄厂 ^{부28})에서 개(견犬 ^{부95})의 어깨 살(연肙)을 신에게 바친 모습으로 신은 이에 만족한다. 그러나 나쁜 세력을 막기 위한 의례이기에 악한 세력은 이를 싫어한다. 만족과 싫어한다는 뜻을 동시에 갖는다. 예) 염세厭世

炎(불꽃 염)

불꽃(화火 ^{부86})이 타오르는 모습. 예) 염천炎天, 광염光炎

症(병, 증세 증)

녁疒 ^{부104}은 고인돌 같은 침상(장丬 ^{부91})에 환자(亠←亻)가 누워있는 모습. 병(疒)의 증거(증証). 증상이란 겉으로 병(疒)을 바르게(正) 알 수 있게 해줌. 예) 증상症狀, 중증重症

옷깃과 소매가 만나는, 영수회담

여당과 야당의 중진의원들이 영수회담을 논하면서, 이 말이 권위적인 냄새가 풍기니 쓰지 말자는 제안을 했었다. 영수회담은 조직의 최고 우두머리가 의제를 논의한다는 말이다.

그래서 영수는 통솔한다는 뜻의 령領과 머리를 뜻하는 수首의 조합으로 생각하기 쉽다. 그러나 실제는 영수領袖로 쓰는데 이는 옷깃과 소매를 가리킨다.

령領은 고개를 나타내지만 옷에서는 목 부분의 옷깃을 가리킨다. 옷깃과 소매의 회담이니 권위적이라 하기 어렵다. 그런데 어떻게 옷깃과 소매가 우두머리를 뜻하는 말이 되었을까?

옷깃과 소매는 옷의 가장자리라 닳기도 쉽고 때도 잘 탄다. 그래서 그 가장자리를 짙은 빛깔의 천으로 둘렀다. 또 가장자리는 외부의 나쁜 기운이 들어오는 입구여서 이를 막고자 하는 의도도 있다. 옷깃과 소매를 두른 짙은 색의 천은 두드러져 보일 수밖에 없다. 그래서 영수領袖가 중요한 인물, 지도자를 지칭하게 되었다.

여당과 야당의 영수회담은 만남의 형식과 예우 문제로 성사되기가 여간 쉽지 않다. 국민을 위해서 격식 따지지 말고 아무쪼록 자주 만나 현안을 논의하길 바란다.

領(고개 령·거느릴 령)　령令(🧎)은 고깔(집스) 쓴 고개를 숙인 채 무릎을 꿇고 앉아(절 卩꿇아) 신의 계시를 받는 모습. 신의 계시는 신의 명령命令으로 천명天命을 뜻한다. 령令에 예관을 쓴 사제의 모습인 혈頁(頁)을 더한 령領은 '고개, (신의 뜻을) 받아들이다, 거느리다' 등의 의미가 있다. 예) 요령要領, 대통령大統領

袖(소매 수)　유由는 호리병박의 속이 익어 기름(유油) 모양으로 된 것. 그것을 비어내고 술병 등으로 쓴 것이 유卣. 손에서 유래由來하여 들고나는 빈 공간의 옷감(의衣꿇아)이 수袖. 예) 수수방관袖手傍觀, 투수套袖(토시의 원말)

놀면서 배우기, 유학

나는 중학교 졸업 후 고향을 떠나 객지의 고등학교에 입학했다. 그이후 유학遊學 생활은 대학 졸업 때까지 이어졌다.

학업을 마치고도 지금까지 고향에 돌아가지 못하고 타향에서 살고 있다. 이국만리 해외에서 유학留學을 한 것도 아닌데 말이다. 학업을 마쳤으면 귀향해서 고향과 그 지역을 위해 일하는 것이 마땅하지만, 농촌 지역인 고향은 일자리가 변변치 않다. 마치 진공청소기처럼 농촌과 중소도시의 인재를 빨아들여 대도시로 토해낸다. 대도시는 인구과밀, 농촌과 소도시는 인구소멸로 어려움을 겪고 있다. 지역 균형발전이 절실하다.

유학이라 하면 보통 해외 유학留學을 생각한다. 일제강점기에는 제국 일본으로, 해방 이후에는 미국, 더러는 유럽으로 가서 이른바 선진 문물을 배우기에 여념이 없었다. 과거 유학留學은 보통 사람들이 엄두도 내기 힘든 일이었지만, 개방과 세계화 이후에는 마치 시골 학생이 도시로 유학遊學을 하듯 빈번한 일이 되었다. 이제는 무분별하게 외래 문물을 도입하기보다는 한국의 전통문화를 재발견하고 육성하는 일이 더 중요하다. 고향을 떠나 타지에서 배우는 일을 유학遊學이라 한다. 노는 것(유遊)과 배우는 것(학學)은 언뜻 어울리지 않아 보이는 데도 이렇게 쓴다. 쇄국이 끝난 후 해외로 배우러 나간 것은 유학留學이라 부른 이유는 아무래도 해외에서는 장기 체류滯留를 하지 않을 수 없기에 유학遊學과 구별하기 위해 다른 한자를 쓴 것으로 추정된다.

遊(놀 유·여행할 유) 언放(🧍)은 깃대와 깃발. 씨족의 수호신이 깃든 기旗를 사람(자子^{부40})이 들고 길(착辶^{부162})을 나선 모습. 고대에는 전쟁 등으로 출행할 때 그 씨족의 기를 들고 나섰다. 축구 국가대표를 응원하는 붉은 악마의 치우 천황처럼 씨족의 수호신이 머무는 기旗를 앞세우고 고향을 나섰다. 씨족의 깃발을 들고 떠났기에 유遊에는 '놀다'는 뜻 말고 '떠돌다, 여행하다'는 뜻이 있다. 노는 것은 본래 신이 노는 것을 의미했다. 예) 유격전遊擊戰, 유희遊戲

留(머무를 류) 류丣(←卯)와 전田^{부102}의 조합. 류丣는 하천이 넘쳐흘러 양쪽에 못이 있는 모양. 논밭(전田^{부102})에 흘러넘친 물을 막아서 담아 둔 모습. 예) 유숙留宿, 정류장停留場

學(배울 학) 지붕 양 끝이 X자 모양(효爻^{부90})으로 된 건물(멱冖^{부14})에서 아이들(자子^{부40})이 두 손(국臼)을 써서 공부하는 모습. 지붕 끝을 X자로 만든 것은 성스러운 장소로서 외부의 사악한 세력이 침입하지 못하도록 하는 의미가 있다. 예) 학습學習, 독학獨學

직위와 직책이 바뀌는 것, 이동

직장인에게 인사이동은 초미의 관심사다. 그래서 인사철이 되면 조마조마한 마음으로 인사이동 발표를 기다린다.

적성이나 인간관계 때문에 부서를 옮기고 싶어 하는 사람, 승진 시기가 되어 진급을 원하는 사람, 명예퇴직을 당하지나 않을까 노심초사 하는 사람 등.

인사이동은 단순히 공간을 바꾸는 이동移動과 다르다. 공간 이동을 하지 않는 직위의 변동 등을 포함하기 때문이다. 그래서 인사에 관한 변동을 이동異動이라 한다.

이동移動은 단순한 공간적 변화이지만, 인사이동은 기존과는 다른 (이異), 새로운 직위와 직책으로의 변화를 내포한다. 그래서 새로운 마음가짐과 자기 계발의 질적 도약을 요구한다.

인사이동은 기존과는 다른 사람이 되기를 바라는 것이다.

移(옮길 이) 곡식(화禾   )과 많은 고기(다多)를 바치고 제사를 지내
재앙을 다른 곳으로 이전하는 의례. 예) 이사移徙, 이민移民

異(다를 이)   귀신 머리를 한 자가 양손을 들고 있는 모습. 일반적인 것
과 다른 신이神異한 것을 일컫는다. 예) 이방인異邦人, 기
이奇異

動(움직일 동)   본래 자형은 눈 위에 묵형墨刑을 받은 노예인 동童(🦀)과
쟁기 모습인 력力의 조합. 눈을 찔린 노예(동童)가 쟁
기(력力　)로 밭을 가는 모습. 나중에 동童이 중 重으로
바뀌었다. 예) 노동勞動, 地지동설動說

재판과 관련된 뉴스를 보면, 원고의 청구를 인용하여 승소했다는 내용을 접한다. 혹은 피고의 주장을 인용하여 원고가 패소했다고도 한다.

인용引用이란 다른 사람의 말이나 글을 끌어다 쓴다는 것으로, 처음에는 원고나 피고의 주장을 그대로 끌어다 써서 결정했다는 의미로 생각했다. 그러나 나중에 알고 보니 재판에서 쓰는 것은 인용引用이 아니라 인용認容이었다.

다시 말해 인정해서 받아들인다는 뜻이다. 일상의 언어로는 용인容認과 거의 같은 말이다.

이렇듯 일상 언어와 법률 용어는 전혀 다른 의미로 쓰이는 경우가 종종 있다. 인용의 경우에는 동음이의同音異義라서 한자를 봐야 구별할 수 있다.

그러나 선의善意나 악의惡意 같은 경우, 일상에서는 선한 마음, 악한 마음을 뜻한다. 하지만 법률 용어로는 어떤 영향을 끼치는지 모르고 한 경우 선의, 알고 한 경우를 악의라 한다.

일반인들이 법률에 쉽게 접근하지 못하려는 의도가 없다면, 법률 용어 선의는 미지未知, 악의는 기지既知로 바꿔 쓰는 게 좋다.

認(인정할 인)　인忍은 칼날(인刃) 쓰는 것을 참는 마음(심心부62). 오랫동안 인내忍耐하면서 추적하여 알아내 말(언言부150)하는 것. 예) 인식認識, 확인確認

容(얼굴 용·받아들일 용)　사당(면宀부40)에서 신줏단지(口←∪)를 놓고 기도할 때 신기神氣(八+八)가 흐릿하게 나타나는 모습. 신의 모습이 사당 안으로 들어오는 데서 '받아들이다'는 뜻도 생김. 예) 용모容貌, 허용許容

引(끌 인)　활(궁弓부59)의 인력引力과 탄력彈力을 높이기 위해 교정기(丨)로 바로잡는 모습. 예) 견인牽引, 인도引導

用(쓸 용 用)　나무를 짜서 만든 목책으로 그 안에 제사에 쓸 희생물을 키웠다. 제사용 희생물을 쓰는 것을 용用이라 했다. 예) 용병用兵, 고용雇用

인질과 질권, 약속 이행을 위한 담보

'유전무죄 무전유죄有錢無罪 無錢有罪; 돈이 있으면 죄가 없고 돈이 없으면 죄가 있다.' 전두환과 노태우의 군사정권 시절, 556만 원을 훔친 지강헌 씨는 징역 7년에 보호감호 10년의 판결을 받았다. 그런데 당시 대통령의 동생은 76억 원을 횡령했지만 징역 7년 형, 그것도 3년만 살고 풀려난다. 지강헌 씨는 말도 안 되는 법 집행에 반발하여 호송차를 탈출, 주택가에서 인질을 잡고 경찰과 대치한다. 그는 인질을 절대 다치지 않게 할 거라며 안심시키고 비지스의 '홀리데이'를 들으면서 스스로 목을 긋고 경찰 총에 맞아 죽는다. 1988년 10월에 일어난 일이다. 시인이 되고자 했던 지강헌 씨는 그렇게 '유전무죄 무전유죄'의 현실을 세상에 죽음으로 증거했다. 나중에 인질과 가족들이 다른 탈주자의 감형을 위해 탄원서를 제출하기도 했다.

여기 인질人質의 질質은 어떤 약속을 이행하기 위한 담보라는 의미다. 그렇다면 같은 구조를 갖는 물질物質의 질質도 그럴까? 인질이 사람을 담보로 잡은 것이라면 물질은 물건을 담보로 잡는다는 말인데, 그렇게 쓰이지는 않는다. 물질의 질은 바탕 혹은 기본의 뜻으로 쓰인다. 질質은 또한 질문質問에서도 쓰이는 데 이건 어떤 뜻일까? 질質은 도끼처럼(근斤ᵂ²⁷⁰) 날카로운 도구로 솥(정鼎ᵂ²⁰⁶←패貝ᵂ¹⁵⁰)에 글씨를 새기는 일을 나타낸다.

고대에는 중요한 계약이나 맹세의 내용을 솥(정鼎ᵂ²⁰⁶)에 새겼다. 그래서 솥에 새긴 글(질質)이 약속을 지키는 근거이자 바탕이었다. 또 시간이 흘러 약속과 맹세가 흐릿해졌을 때 그 근거를 다시 묻는 일을 질문質問이라고 했다. 법률에서 채무를 이행하도록 잡는 담보를 질권質權이라고 하는 것도 같은 맥락이다. 이렇게 서로 다른 뜻을 갖는 말이라도 그 바탕에서 살펴보면 통하는 바가 있다.

質(바탕 질)　　근斤은 두 자루의 손도끼. 이를 가지고 청동 솥(정鼎ᵂ²⁰⁶)의 모습인 패貝ᵂ¹⁵⁰에 글을 새긴 모습. 일을 처음 시작할 때 바탕이 되는 약속을 의미한다. 예) 질의質疑, 체질體質

物(만물 물)　　물勿은 쟁기(도刀)로 밭을 갈아 흙덩이(팔八)가 퍼지는 모양. 소(우牛ᵂ⁹⁹)가 쟁기질(물勿)을 하는 모습이 勿이지만 여러 색깔의 소를 가리키면서 만물을 뜻하게 된다. 혹은 勿을 깃발로 해석해서 전쟁에서 여러 씨족의 표시로 보는 데서 만물로 뜻이 확대되었다고도 한다. 예) 물리物理, 생물生物

　흔히 법이나 규정을 자의적으로 해석해서는 안 된다고 한다. 얼핏 자의가 '자신의 뜻(자의自意)'을 가리키는 듯하다. 자신의 의사를 반영해서 해석하면 안 된다는 것이니 수긍이 된다.

　그런데 자의에는 자의恣意, 곧 '제멋대로 하는 생각'을 가리키기도 한다. 그렇다면 법을 '자의적으로 해석하면 안 된다'고 할 때는 자의自意일까, 자의恣意일까?

　문맥상 자의自意는 타의他意와 대비되는 경우가 많다. 반면에 자의恣意는 타의他意와 대비되는 의미로 쓰이지 않으며 부정이나 금지를 나타내는 문장에 주로 쓰인다.

　이를테면 '자의 반 타의 반'이라 하면 자의自意를 뜻한다. 반면에 앞에 든 '규정을 자의적으로 해석해서는 안 된다'라고 하면 자의恣意라 봐야 한다. 그러나 가장 좋은 방법은 한자를 병기하는 것이다. 그렇다면 혼선도 없고 읽는 시간도 단축된다.

　한때 어느 광역자치단체장의 형을 정신병원에 입원시킨 것이 '자의적'이라는 주장 때문에 문제가 되었다. 형님이나 그 가족의 자의自意

였다면 문제가 없지만, 도지사의 자의恣意였다면 문제가 된다.

恣(제멋대로 할 자)

차次(ㄤ)는 사람이 입을 벌리고(흠欠ㄱㄱ) 한탄하듯 기도하여 그 입김(二)이 나오는 모습. 恣는 긴장하지 않고 마음(心)을 풀어 놓은 상태. 예) 방자放恣, 자행恣行

自(스스로 자 ㅂ)

코의 모습. 태아는 코부터 발생하여 '시초'와 '자신'을 뜻한다. 중국인은 자신을 가리킬 때 손가락을 코에 댄다. 코의 의미는 음부인 비畀를 더하여 비鼻ㄱㅇㅇ를 쓴다. 예) 자연自然, 자충수自充手

意(뜻 의)

음音ㄱㄱㅇ과 심心ㅂㄱㅇㅇ의 조합. 음音은 신에게 맹세하고 기도한 말(언言ㄱㅇㅇ)에 대해 신이 희미한 소리(一)로 응답하는 모습. 意는 신의 소리를 마음(심心ㅂㄱㅇㅇ)으로 생각하는 것. 예) 의식意識, 진의眞意

결혼식은 양가가 함께 하객을 초대하여 치르는 의식이다. 예식장과 멀리 떨어져 사는 하객의 경우 아침 일찍부터 서두른다. 예식이 끝나면 피로연이라 하여 술과 음식을 대접한다. 그래서 피로연을 지친 하객을 위한 잔치로 생각하기 쉽다.

그런데 피로연에서 말하는 피로披露는 '힘들어 지쳤다'는 피로疲勞가 아니라 '풀어 헤쳐 널리 알린다'는 뜻이다. 다시 말해 결혼을 널리 알리기 위해 친척과 지인들을 초대해 접대하는 연회宴會를 일컫는다. 두 사람이 혼인을 맺어 부부가 되었음을 하객들에게 공표하는 엄중한 의식이며, 축하하러 온 손님들을 대접하는 잔치이기도 하다.

이렇게 널리 알려졌으니 신랑, 신부 두 사람은 성실하게 부부의 연을 유지할 의무가 있다.

披(헤칠 피)	피皮(🐾)는 짐승의 가죽을 손(우又)으로 벗겨 내는 모습. 피皮가 '가죽'의 뜻으로 주로 쓰이자 다시 손(扌←手)을 더한 피披가 벗겨내거나 풀어 헤치는 뜻이 되었다. 예) 피력披瀝, 창피猖披
露(이슬 로)	하늘의 진액(雨)이 길(路)을 따라 내려온 것. 이 글자가 노

출로出露과 같이 '드러내다'는 뜻으로 쓰인 것은 裸(벌거벗을 라)와 발음이 통하기 때문이다. 예) 폭로暴露, 감로甘露

宴(잔치 연)

사당(면⌒⌒)에서 여인(녀女⌒⌒)의 머리 위에 옥(日)을 얹어 그 영혼을 흔들어 깨우는 의례의 모습이었다. 공적인 의례로 치르는 향연饗宴을 일컫는다. 그 의례를 통해 마음이 편안해지므로 연안宴安의 뜻이 있다. '편안하다'는 의미를 갖는 안安이, 신랑의 사당(면⌒⌒⌒)에서 신부(녀女⌒⌒)가 사당치레를 하는 모습이다. 신랑의 조상에게 예를 갖추어 비로소 편안해진다는 의미가 있다. 그 안安에 구슬(日)을 더한 모습이 연(宴)이다. 예) 연회宴會, 하연賀宴

혈세란 의심할 나위 없이 피와 같은 세금을 뜻한다. 가혹하게 거둔 세금 또는 귀중한 세금의 의미로 쓰인다. 특히 전근대 왕조시대에 자의적으로 세금을 거두는 일이 있어 오래전부터 쓰인 말로 생각된다. 그러나 이 말은 근대 이전 한국을 비롯한 한자 문화권에서 사용된 자취가 없다.

이 말은 일본이 1872년 징병령을 포고하면서 병역의무를 '혈세血稅' 라고 칭하면서 사용된 것으로 보인다. 전장에서 피를 흘린다는 의미로 국민이 지는 병역의무를 가리킨 것이었다. 그런데 피를 짜내는 것으로 생각하여 가혹한 세금의 의미로 우리나라가 받아들인 것이다. 이 말이 현재 의미상 혼란을 일으키는 일은 없다. 하지만 본래 일본 제국주의에서 비롯된 개념임은 알아두는 것이 좋다.

血(피 혈)　그릇(명皿부100) 안에 피(ヽ)가 있는 모습. 무언가 맹세할 때 그릇에 희생물의 피를 받아 의례를 행했다. 예) 혈맹血盟, 혈투血鬪

稅(세금 세)　태兌는 신줏단지(口부31←ᄂ)를 들고 기도하는 사제(형兄) 위로 신기神氣(八)가 나타난 모습으로 엑스터시에 이른 상태. 그런 의례를 할 때 공동체에서 모으는 곡식(화禾부116). 예) 조세租稅, 세무稅務

두텁고 서운하지 않게 하는 사례, 후사

지금은 블랙박스가 대중화되어 찾아보기 쉽지 않지만, 얼마 전까지만 해도 교통사고가 나면 목격자를 찾는 펼침막을 자주 볼 수 있었다. 그리고 펼침막에는 흔히 "후사하겠습니다."라는 문구가 꼭 들어갔다.

사람들은 보통 증언해주면 나중(後後)에 사례(謝謝)하겠다는 정도로 이 말을 이해한다. 심지어 강아지나 사소한 물건을 찾아주어도 후사하겠다는 글을 게시한다.

후사厚謝란 두텁게 서운하지 않게 사례하겠다는 말이다. 거래에서 물건값을 후하게 쳐주겠다고 하면, 값을 충분히 주겠다고 하는 의미의 후厚 자다.

따라서 대충 교통비나 줄 요량이면 후사하겠다는 말을 사용해서는 안 된다. 그렇게 하면 후안厚顔, 곧 얼굴이 두꺼운 사람이 된다. 두터운 것은 보통 좋은 의미로 쓰인다. 그러나 얼굴이 두꺼운 것은 좋지 않은 뜻으로 쓰인다. 후안厚顔은 부끄러움을 모르고 뻔뻔하다는 말이다.

厚(두터울 후 厚)　사당(엄厂^{무려26})에서 시루에 음식을 두텁게 쌓아 올린(旱 두터울 후) 모습. 신에게 음식을 후厚하게 바치고 또 신이 복덕을 후厚하게 내리는 의미도 있다. 예) 후의厚意, 후안 무치厚顔無恥

謝(사례할 사)　射(쏠 사)는 활(身←弓^{무려156})을 손(寸)에 쥐고 쏘는 모습 으로, 활쏘기 시합을 한 후 서로 말(言^{무려150})로 인사하는 것 을 의미한다. 예) 감사感謝, 사절謝絶

3

알아 두면 재미있는 말

임시로 지은 집, 가게

일상적으로 순 한국말이라 생각하며 쓰는 말 가운데 사실 한자어로 된 경우가 많다. 가게가 그렇다. 국어사전에 따르면, 가게는 규모가 작은 건물에 차린 상점이다. 그러나 가게의 본래 말은 가가假家, 임시로 지은 집을 말한다.

가假는 거짓을 뜻하기도 하지만 임시 혹은 빌린다는 뜻도 있다. 조선시대만 해도 상업이 그다지 발전하지 않았다. 그래서 물건을 파는 일은 장이 설 때 임시로 지은 건물에서 이루어진 모양이다. 반면에 노점은 길가나 길바닥에 벌여 놓고 파는 소규모 가게다. 그래서 한자로는 길을 뜻하는 로路를 써서 노점路店일 거 같은데 의외로 이슬을 뜻하는 로露자를 쓴다. 이 글자에는 이슬 말고 노출露出처럼 드러낸다는 뜻이 있다. 그러니까 노점露店은 국어사전처럼 길에 차린 가게라는 뜻이 아니라 지붕과 벽이 없어 밖으로 드러나 있는 좌판 정도가 본래 의미였다.

假(거짓 가, 빌릴 가, 임시 가)

가叚( )는 절벽(厂)에서 옥석(二)을 양손(ㄱ·우又[부30])으로 채굴하는 모습. 아직 다듬지 않아 하자瑕疵가 있는 옥석이므로 가叚에 거짓의 뜻이 있다. 여기에 인亻[부9]을 더하면 사람이 쓰는 가면假面을 뜻한다. 임시로 그 모양을 빌리는 것이며 진짜 얼굴이 아니다. 예) 가장假裝, 가정假定

家(집 가)

사당(면宀[부41])을 짓고 돼지(시豕[부153])를 제물로 바치는 의례의 모습. 고대에는 건물을 다 짓거나 물건을 완성했을 때 희생물을 바치며 정화 의례를 행했다. 예) 가업家業, 농가農家

路(길 로)

각各은 신줏단지(구口[부31]←∪)에 새긴 기도에 응답해 신이 홀로 내려오는(치夂[부34]) 모습. 본래 道(길 도)는 사람이 개척한 길인 데 비하여 路(길 로)는 신이 내려오는 길을 의미한다. 예) 도로道路, 가로수街路樹

露(이슬 로)

하늘의 진액(雨)이 길(路)을 따라 내려온 것. 이 글자가 노출露出과 같이 '드러내다'는 뜻으로 쓰인 것은 裸(벌거벗을 라)와 발음이 통하기 때문이다. 예) 폭로暴露, 감로甘露

店(가게 점)

장사가 잘될지 점(占)을 쳐서 지은 집(엄广[부54]). 옛날에는 건물을 지을 때 점을 쳐서 정하는 경우가 많았다. 예) 상점商店, 점포店鋪

강냉이와 옥수수는 같은 곡물이다. 같지만 이름이 다른 것은 왜일까? 그 곡물을 처음 맞이한 사람들이 어떻게 생각했는가에 따라 달라진 것이다.

강냉이는 출신지를 나타낸다. 헐하게 팔리는 곡물이지만 그래도 강남江南 출신이다. 강남에서 전래하여 '강남이'가 '강냉이'가 되었다. 서울의 강남이 아니라 중국 장강長江의 남쪽이다. 따뜻한 나라에서 와서 알이 굵은 편이다.

강냉이와 같이 출신지를 나타내는 것은 강낭콩이다. 역시 알이 굵다. 우리 선조들은 기존에 재배하던 곡식보다 알갱이가 굵은 강남 출신 곡물들을 환영했을 것이다.

그렇다면 옥수수는 어떻게 지어진 이름일까? 수수는 수수인데 구슬(옥玉)처럼 굵기 때문에 옥수수라 했다. 옥수수 이전에 수수가 재배되고 있었을 것으로 짐작된다.

그런데 놀랍게도 수수도 한자어다. 촉서蜀黍의 중국식 발음인 '슈슈'를 그대로 따서 이름을 지었다. 삼국지의 주인공 유비의 나라인 '촉

蜀나라의 기장'이란 뜻이다.

江(강 강)	본래 중국의 장강長江을 나타내던 고유명사였다. 공工은 대장간에서 쇠를 때릴 때 받침으로 쓰는 모루의 모습. 완만하게 굽은 모습이 장강의 흐름과 닮았다. 반면에 황하를 나타내던 하河는 ㄱ자처럼 직각으로 꺾이면서 흐른다. 예) 강호江湖, 금강錦江
南(남녘 남)	묘족苗族과 같은 중국 강남 사람들이 매달아 쓰던 종의 모습에서 남쪽을 뜻하게 되었다. 예) 남북통일南北統一, 하남河南
蜀(나라이름 촉)	생식기가 드러난 동물의 수컷(훼虫). 罒이 머리, 勹가 앞뒤 다리를 포함한 몸체. 수컷은 무리를 떠나 혼자 사는 경우가 많아 獨(홀로 독)이 된다. 촉나라는 산악지대 사이에 홀로 고립된 지역에 있다. 예) 파촉巴蜀
玉(구슬 옥)	구슬(三)을 꿰서 실(l)로 묶은(丶) 모습. 예) 옥동자玉童子, 서옥瑞玉
黍(기장 서)	곡물(화禾)에서 술(수水)을 만드는 모습. 기장은 고량주의 주요 원료다. 예) 서직黍稷

침채, 딤채, 김치

김치가 한국을 대표하는 전통음식이라는 데 이의를 다는 사람은 없다. 무, 배추 등 채소를 여러 양념과 함께 소금에 절여 먹는 김치의 역사는 무척 오래되었다.

그렇지만 한국 문헌에는 이규보(李奎報)의 『동국이상국집(東國李相國集)』에서 '염지(鹽漬)'라 하여 처음 나타난다. 말 그대로 소금(鹽)에 담근다(漬)는 뜻이다.

어렸을 때 자란 마을(전북 고창)에서는 김치 담는 일을 '지'를 담근다고 했는데 아마도 漬(담글 지)를 가리킨 듯하다. 오랜 역사를 가진 김치지만 현재와 같이 잎이 풍성한 배추에 고춧가루를 넣어 담그기 시작한 지는 그리 오래되지 않았다.

지금처럼 속이 꽉 찬 결구형 배추가 우리 식탁에 등장하기 시작한 것은 불과 100년 정도다. 또 고추는 임진왜란 때 전래한 이후 한참이 지나서야 김치의 양념으로 쓰였다.

김치가 한국 고유의 식품이라서 토박이말 같지만 조선 시대에 '딤채'라는 말이 보이며, 『음식디미방』이라는 책에는 무염침채법無鹽沈菜

法처럼 '침채沈菜'라는 말도 등장한다.

소금물에 담근(沈) 각종 채소(菜), 곧 침채沈菜가 팀채→딤채→김채로 변하다가 오늘날 김치가 되었다고 한다. 이 가운데 딤채는 어느 가전회사의 김치냉장고 브랜드로 쓰인다.

김치는 채소와 고춧가루와 젓갈 같은 각종 양념이 들어간 종합영양식품이다. 오래전에 호흡기 전염병이 유행했을 때 한국인의 감염률이 높지 않았다. 이를 영양소가 풍부한 김치 덕분이라는 이야기도 있으니 더욱 애용해도 좋겠다.

| 沈(잠길 침) | 강(수 氵[부86]) 사이(一)에 소(우牛[부94])나 양 따위 희생물이 가라앉는 모습. 수신에 대한 제사의 모습. 예) 침묵沈默, 격침擊沈 |
| 菜(나물 채) | 초목(木)에 열린 잎(초++[부141])이나 열매를 손(조爪[부89])으로 따는 모습. 예) 채식菜食, 산채 山菜 |

닭볶음탕 말고 닭도리탕

　서울에서 학교 다니다 고향에 내려가면 중학교 동창이 운영하는 식당의 닭도리탕이 그렇게 맛날 수가 없었다. 고향 친구들과 소주를 곁들여 닭도리탕을 안주 삼아 먹던 기억만 떠올려도 미소가 지어진다.

　그런데 '도리(새)'가 일본어라는 주장이 제기되면서 1992년 국립국어원은 순화 교시로 '닭볶음탕'이라는 말을 쓰도록 하고 있다. '도리'라 해서 무조건 일본어에서 비롯된 것으로 간주한 국립국어원은 너무 성급한 결정을 했다. 실상은 '도리'가 '도려내다'는 우리말에서 왔기 때문이다.

　닭도리탕은 백숙白熟과 달리 온몸을 삶지 않고 칼로 도려내어 토막으로 요리한다. 굳이 도리가 일본어라면 새가 아니라 도루(とる; 도려내다)라는 일본어에 해당할 수 있다. 그렇다면 이 말은 한국과 일본에서 공통으로 쓰는 말이다. 공통으로 쓰는 한국어와 일본어, 이를테면 해(日)와 히(日)와 같은 양국 공통어는 대개 한반도에서 비롯되었을 가능성이 높다. 일본에서 초기에 문자를 사용하고 기록한 사람들은 대개 백제에서 건너간 지식인들이기 때문이다. 두 민족은 같은 동이 계열로

언어나 문화 등에서 밀접한 관련이 있다. 한자로는 도리刀離, 즉 칼로 분리해 낸다고 표기한다면 중국이나 일본 등 한자문화권의 관광객도 쉽게 닭도리탕(鷄刀離湯)을 이해할 수 있다.

'도려내다'는 말은 한자로 取(취할 취)를 주로 쓴다. 귀(耳)를 손(又)으로 도려내는 모습이다. 임진왜란 때 왜군들이 전공을 증명하기 위해 조선인의 코와 귀를 엄청 도려내갔다. 심지어 젖먹이의 코도 잘라갔다고 한다. 이비야(耳鼻爺)라고, 아이들이 호랑이보다 더 무서워하는 말이 있는데 그때 귀와 코를 도려내 간 왜군을 가리키는 말이다. 일본은 반성하고 사죄할 일이 많다.

鷄(닭 계) 奚(여종 해)는 머리를 묶어 올린(요부幺) 여인(대大)을 손(조爪 부爪)으로 잡은 모습. 머리를 묶어 올린 것은 강족(티베트 사람)의 변발辮髮과 유사하다. 강족은 상나라 시절 희생 제물과 가내 노예로 많이 종사했다. 새(조鳥)가 가내家內에서 사육된 모습이 계鷄. 예) 삼계탕蔘鷄湯, 육계 肉鷄

離(떠날 리) 离(산신 리)는 머리(凶)에 관 장식(亠)이 있는 교룡(유内)의 모습. 그 짐승을 끈끈이(서黍)로 잡는 모습이 黐(끈끈이 리). 리離는 끈끈이(리黐)에 걸린 새(추隹)가 그로부터 벗어나려는 모습. 예) 거리距離, 분리分離

湯(끓일 탕) 양昜( )은 받침대(丅) 위의 옥(日)이 빛을 발산(삼彡)하는 모습. 따뜻한 기운(양기陽氣)에 의해 물(氵)이 끓는 모습. 예)온탕溫湯, 설렁탕湯

큰 배가 들어오니, 대박

누가 사업을 시작하면 "대박 나라"고 기원한다. 전에는 영화를 개봉하면 흥행, 책을 내면 베스트셀러, 사업을 시작하면 번창하길 기원했다. 그렇지만 요새는 한결같이 대박 터뜨리기를 원한다. 가게 이름을 대박으로 짓는 경우도 있다. 그리고 심심찮게 대박을 터뜨린 소식을 접한다. 천만 관객이 몰린 영화, 백만 부 이상 팔린 책, 로또 당첨, 벼락부자 등등 모두 대박을 터뜨렸다고 표현한다.

어려서부터 『흥부전』을 접한 한국 사람들은 대박이라면, 제비가 물어준 박을 타서 큰 재물과 보화를 얻은 흥부의 일을 떠올린다. 그래서 대박을 큰 박이라 생각하기 쉽다. 더불어 대박에 대비되는 쪽박이 박(포匏)이라서 더욱 그럴 수 있다.

그런데 '대박이 터지다' 이전에 '대박이 나다'는 표현이 먼저 있었고, 한자(大)와 우리말(박)이 결합한 것도 드문 일이어서 『흥부전』의 박이라 생각하기에는 무리다.

다른 설득력 있는 주장은 대박大舶, 즉 큰 배라는 설이다. 박舶은 무역에 이용하는 큰 배를 일컫는다. 큰 배가 싣고 온 상품을 박물舶物이라고 하듯이, 이 배가 들어오면 외국의 진기한 박물舶物이 쏟아져 나왔다. 물론 화주는 대박大舶이 입항하여 물건이 다 팔리면 큰돈을 벌게 된다. 그래서 '대박大舶이 나다'는 표현은 큰 이익을 보거나 진기한 물건이 쏟아진 것에서 유래되었다는 주장이다.

'대박'을 '큰 박' 혹은 '큰 배'로 확정하기가 여의치 않다. 다만 '큰 박' 설은 선행에 따라 요행으로 큰 복을 받은 것이고 '큰 배' 설은 나름대로 노력해서 돈을 벌었다는 데 차이가 있다.

大부30(큰 대 大)	사람이 정면으로 서 있는 모습. 예) 대해大海, 원대遠大
舶(큰 배 박)	백白부107(△)은 해골이 된 머리뼈의 모습으로, 위대한 지도자나 숙적의 머리는 촉루髑髏로서 보관되었다. 금가루로 적장의 해골을 칠해서 보관한 경우도 있는 데 주술적인 힘이 강하다고 생각했기 때문이다. 그래서 백白부107에 맏이(백伯)의 뜻이 있어 큰 배(주舟부136)를 박舶이라 한다. 예) 선박船舶, 박래품舶來品

신과 같은 존재, 등신

"저 등신 같은 인간"이라고 하면 꽤 심한 욕이다. 바보나 머저리를 의미한다. 한자로는 등신等神이라 쓴다.

좀 놀랍다. 신(神)과 같은(等) 존재란 뜻인가! 그렇긴 하지만 여기서 신神은 우환이나 역병을 짊어져야 하는 불쌍한 신으로, 짚이나 나무 따위로 만든 인형이다.

사람들은 재앙과 역병을 그 신에게 옮겨 없애버리거나 멀리 떠나보낸다. 서양에서 어린이들이 걱정거리를 이야기하면 모든 걱정을 다 가져간다고 하는 '걱정 인형'과 같다. 그러나 등신이 사람들의 근심을 해소하지 못하면 아무 일도 못하는 바보로 여겨진다.

이 등신 말고 다른 기분 좋은 등신이 있다. 팔등신이라면 균형 잡힌 아름다운 몸매를 가진 사람을 말한다. 이 때는 팔등신八等身이라 쓴다. 얼굴의 길이를 1로 했을 때 키가 8인 몸이다. 몸(身)이 8개(얼굴이 1)로 균등(等)하게 나뉠 수 있다는 의미다.

그냥 등신等身이라고 하면 자기 키와 비슷한 크기를 말한다. 등신불은 우리 키와 같은 불상을 말한다.

팔등신은 못되더라도 자기 역할을 하지 못하는 등신은 되지 말아야
겠다.

等(같을 등) 寺(절 사 𡘾)는 발(土←지止﹖﹖)을 손(촌寸﹖﹖)으로 쥐고 있는 모습.
세족식洗足式처럼 다른 사람의 발을 씻기며 섬기는 모습. 사신 등을
접대接待하는 외교 관청이었던 사寺를 승려의 거처로 삼으면서 절의
뜻을 갖게 되었다. 관청(사寺)에서 쓰는 문서인 죽간(竹)이 균일한 데
서 等에 '같다'는 뜻이 있다. 예) 평등平等, 항등식恒等式

神(신 신) 申(펼 신 𦥔)은 번개가 휘어 꺾이면서 치는 모습이며 여기서 신의 위
력이 있다고 생각했다. 그래서 제상祭床을 나타내는 시示﹖﹖를 더한
글자가 神. 예) 신의神意, 범신론汎神論

40대는 묘령의 여인이 될 수 없다

"저의 오른쪽에서 다소곳하게 걷던 묘령의 여인네 근황이 아주 궁금하네요."

친구가 페이스북에 올린 사진에서, 자신의 옆에 있던 여인을 묘령의 여인이라고 칭했다. 그래서 자세히 봤는데 묘령妙齡은 아니다. 최소한 40대 이상의 여자였다.

묘령이라 하면 신비하고 묘한 어감을 갖는다. 그러나 이 말은 한자에서도 알 수 있듯이 나이가 어린(少) 여인(女)을 가리킬 뿐이다. 20세 안팎의 여인이다. 묘령의 여인보다는 묘미妙味 혹은 미묘微妙한 여인이라는 표현이 더 어울린다.

묘는 나이가 어린 여자라는 뜻이지만, 미묘하다는 묘妙의 의미로 쓰인 듯하다. 그러나 묘령妙齡처럼 나이(령齡)를 지칭하는 말이 있다면 어리거나 젊은 여인으로 봐야 한다.

묘妙에 쓰인 현玄이 '검다'라는 뜻 말고도 '깊다'라는 뜻이 있고 소少 또한 미세微細하고 정밀精密하다는 의미가 있다.

묘령妙齡이 아니면서 묘령의 여인으로 불리고 싶으면 한 가지 팁이 있다. 고양이 모양의 방울, 즉 묘령猫鈴을 차고 다니면 된다.

妙(묘할 묘)　　젊고(소少) 아름다운 여인(녀女^{자주39})이라는 의미에서 '오묘하다'는 뜻
　　　　　　　까지 생김. 예) 묘안 妙案, 신묘神妙

齡(나이 령)　　가축은 그 이(치齒^{자주211})를 보고 나이를 알 수 있다. 령숙은 음부音符
　　　　　　　이지만 하늘의 명령命令을 해마다 이루어간다는 의미로도 볼 수 있다.
　　　　　　　예) 고령高齡, 수령樹齡

박물관에 간 방물장수

얼마 전까지만 해도 각 마을을 돌아다니며 잡동사니를 파는 방물장수가 있었다. 주로 여자가 사용하는 화장품과 장식품, 바느질 도구와 패물에 이르기까지 다양한 물건을 팔러 다녔다.

여자들은 바깥출입이 용이하지 않았기 때문에 방물장수가 반가웠다. 방물장수는 주로 노파들이 나섰다. 마을을 돌아다니며 뉴스를 전하는 소식통이기도 했고 특수한 심부름을 맡아 처리해주기도 했다. 특히 대소가의 내력과 형편은 물론 혼기에 이른 처녀 총각의 소식도 정통했으므로 중매쟁이 역할도 했다.

그야말로 여자들에게는 만능 해결사였다. 이들이 파는 물건이 여성의 전 분야를 망라해서 박물博物장사라 한 것이 그 유래다.

박물이란 여러 물건을 뜻하지만, 주로 박물학적 지식을 가졌다는 의미로 쓰인다. 일본인은 영어 'museum'의 번역어로 박물관이란 말을 썼다.

지금 박물관은 선조들의 얼이 담긴 유품을 보관하고 전시하는 곳이다. 따라서 막연히 다양한 물건을 가진 곳이라는 의미의 박물관이 올

바른 번역이라 보기 어렵다. 어쨌든 옛적의 시골 마을을 돌아다니던 방물장수와 박물관은 모두 박물博物에서 비롯되었다.

博(넓을 박)   묘목의 뿌리를 감싼 것(보甫)을 손(촌寸⁺⁺)으로 쥔 모습이 부尃. 널리 (십十⁺⁺) 묘목을 심는 모습이 박博. 예) 박애博愛, 해박該博

物(만물 물)   물勿은 쟁기(刀)로 밭을 갈아 흙덩이(八)가 퍼지는 모양. 소(우牛⁺⁺) 가 쟁기질(물勿)을 하는 모습이 物이지만 여러 색깔의 소를 가리키면서 만물을 뜻하게 된다. 혹은 물勿을 깃발로 해석해서 전쟁에서 여러 씨족의 표시로 보는 데서 만물로 뜻이 확대되었다고도 한다. 예) 물리物理, 생물生物

발기인 대회

　민주주의의 역사가 오래된 미국에서는 양당 체제가 확립된 이후로 정당의 생성과 소멸이 매우 드물다. 그러나 그 역사가 짧은 한국은 걸 핏하면 정당을 해체하고 새로 창당하기가 부지기수다. 하물며 이름을 바꾸는 것은 더욱 흔하다. 개량주의적 정당도 그렇지만 특히 보수주의 적 정당도 거의 선거 때마다 이름을 바꾼다.

　예전에 정치인들이 새로운 정당을 만들면서 발기인 대회를 연다고 해서 당혹스러웠던 적이 있었다. 그전까지 '발기'는 성기가 커지는 현 상으로 이해했으니 적잖이 놀랄 수밖에 없었다. 그래서 새로 일을 시 작하는 것도 결국 일어서는 일이니 성적性的인 의미의 발기와 같은 뜻 이라 생각했다.

　그러나 한자어를 보면 성기가 부푸는 것은 발기勃起이고 일을 새로 시작함은 발기發起라고 한다. 발기勃起는 갑자기 불끈 일어나는 것을 일반적으로 말하므로, 성적인 의미로만 쓰이는 것은 아니다.

　한편 발기發起에는 출발出發의 의미가 포함되어 있으니 처음 일을 일으킨다는 뜻이다. 그러니 정당을 새로 창당하면서 발기인 대회를 갖는 것은 당연히 발기發起를 쓴다.

勃(우쩍 일어날 발) 발孛(ꙮ)은 꽃이 떨어지고 열매가 막 맺기 시작하는 모습. 꽃술과 꽃받침 사이에 열매가 보인다. 그 열매가 밖으로 힘차게(력力ᵂ¹⁹) 뻗쳐나가는 모습. 예) 발흥勃興, 발발勃發

發(쏠 발) 발癶ᵇ¹⁰⁶은 두 발을 벌리고 선 모습이고 아래 부분은 활(궁弓ᵂ⁵⁹)을 쏘는(수殳ᵇ⁸) 모습. 옛날에는 활을 쏘아 전쟁의 시작을 알렸다. 예) 발동發動, 발사發射

起(일어날 기 𧺆) 뱀(기己←사巳)이 머리를 쳐들고 가는(주走ᵇ¹⁵⁶) 모습. 앉았다가 일어설 때의 동작을 일컬었지만 이후 모든 일을 시작한다는 뜻이 되었다. 예) 기안起案, 재기再起

기를 방출하는, 방귀

"방귀 뀐 놈이 성낸다"고 한다. 잘못한 쪽에서 되레 화를 낸다는 말이다. 여기서 방귀는 명사로 쓰였다.

그런데 이 말은 본래 방기放氣라는 말에서 비롯되었다. 방기는 '기氣를 방출放出하다'는 뜻이므로 그 자체가 동사다. 여기서 기氣는 냄새나 바람을 뜻한다.

'뀌다'가 내보낸다는 말이니 방放과 뜻이 겹친다. '축구蹴球를 차다'와 같이 어색한 말이다. 같은 구조로 방뇨放尿가 있는데, 방뇨를 싼다고 하지는 않는다.

방기라는 동사가 그 원래 의미를 잃어버리고 명사로 쓰이면서 생긴 일이다. 방귀를 뜻하는 한자는 본래 비屁가 있었다. 그래서 방기放氣보다는 방비放屁가 더 정확한 말이다. 방기放氣는 숨을 내쉬는 것도 해당되기 때문이다.

放(놓을 방) 　　방方은 횡목(一)에 매단 시신(인亻). 시신을 때려(복攵) 국경 같은 경계에서 사령邪靈이나 적을 막거나(방防) 내쫓는 주술적 의례 모습이 방放. 예) 해방解放, 방송放送

氣(기운 기) 기기[부85](**气**)는 하늘을 떠다니는 구름(운기雲氣)의 한쪽이 늘어진 모습으로 기세나 기운을 나타냄. 고대에는 구름을 보고 빌거나(걸乞) 점을 치기도 함. 여기에 쌀(미米[부109])를 더한 氣는 본래 음식을 보낸다는 뜻이었으나 점차 기운이나 기세를 뜻함. 예) 기체氣體, 공기空氣

암수 모두를 의미하는, 봉황

뜻밖에 행운을 거머쥐면 "봉 잡았다"고 한다. 반대로 기대했던 것이 물거품이 되면 "황 됐다"고 한다. 자주 쓰는 이 말이 봉황에서 유래하는지 모르는 사람이 많다.

봉황鳳凰은 상상 속의 신령한 새인데 봉을 수컷, 황을 암컷으로 본다. 동물 이름의 경우 보통 앞이 수컷, 뒤가 암컷이다. 이를테면 낙타駱駝는 낙이 수컷, 타가 암컷이다. 원앙鴛鴦이나 기린麒麟도 마찬가지다. 심지어 무지개를 뜻하는 홍예虹蜺도 수컷과 암컷이 있다. 고대에는 쌍무지개가 뜨면 하나를 수컷, 다른 하나를 암컷으로 이해했다.

새의 경우 일반적으로 수컷의 외모가 화려하고 암컷은 단순하다. 수컷이 암컷을 유인하기 위해 화려하게 치장한다. 그래서 화려한 수컷인 봉을 잡으면 횡재하는 것이고 밋밋한 암컷인 황을 잡으면 이득이 없어 실망한다.

사람들은 살면서 중요한 가치로 진眞, 선善, 미美를 꼽는다. 그렇지만 진과 선은 가치관과 경험에 따라 서로 달리 생각할 수 있다. 자신이나 자신이 속한 집단만이 참되고 선한 존재이며 타인은 거짓되고 악하다고 여기는 일이 많다. 그래서 심한 경우 다른 이를 차별하고 전쟁을 벌이기도 한다. 진과 선을 추구하면 오히려 배타적이 될 수 있다.

그러나 수컷 새가 암컷을 유혹하기 위해 치장하고 노래를 부르며 춤을 추는 구애 행위는 보편적으로 아름답다고 생각한다. 미美는 진眞과 선善에 비해 보편적이며 실재한다고 봐도 무방하다.

風(봉새 봉)	범凡과 부鳥의 조합. 범凡은 나중에 발음기호로 삽입됨. 고대 중국에서 자연과 인간을 다스리는 이는 제帝. 제帝는 동서남북 사방에 방신方神을 두었다. 각 방신은 모두 휘하에 있는 풍신風神으로 하여금 세상 구석구석 신의 뜻을 전했다. 풍신 즉 바람은 봉鳳이 날아오르며 발생한다고 믿었다. 그래서 봉鳳이 신령스러운 새가 되었다.
凰(봉황 황)	범凡과 황皇의 조합. 황皇은 임금의 상징인 도끼(王) 윗부분에 둥근 옥(白)을 새긴 모습으로 임금을 상징. 더불어 임금을 상징하는 신령스러운 새로 봉황도 의미하다가 나중에 봉鳳과 같이 범凡 자가 첨가되었다. 봉황의 암컷.

부족하다는 말에 왜 발이?

부족不足은 '발이 아니다'일까 아니면 '발이 모자라다'일까? 엉뚱한 이야기가 아니다. 부족不足은 문자 그대로는 '발이 아니다'라는 말인데 '모자라다'는 뜻으로 쓰인다.

물론 족足에는 '발'의 뜻 말고도 '넉넉하다'는 뜻이 있어 그렇다. 그렇다면 비교적 천한 대접을 받는 발, 곧 족足이 어떻게 '넉넉하다'는 뜻을 갖게 되었을까?

한자의 옛 자형을 보면 족足(☒)과 '바르다'는 의미의 정正(☒)이 거의 비슷한 모양을 갖는다. 족足은 무릎(ㅁ)과 발(지止)을 나타내지만 정正은 성(ㅁ)을 향해 진격하는 발(지止)을 나타낸다.

족足이 무릎부터 발바닥까지를 나타낸 것이라면, 정正은 성을 향해 공격하는 모습으로 征(칠 정)이 본래 뜻이었다. 나중에 정복 전쟁을 정당화正當化하면서 정正이 '바르다'는 뜻을 갖게 된다. 더 나아가 正은 '괜찮다, 충분하다'는 뜻도 갖게 된다.

그래서 정正 자를 써야 하는 곳에 그 모습과 유사한 족足 자가 대신 쓰이게 되었다. 멸시적인 의미로 쓰이기도 하는 족足 자가 출세하여 정正 자를 대신하면서 '충분하다, 만족하다'는 뜻을 갖게 되었다.

"새 발의 피(조족지혈鳥足之血)" 혹은 "발바닥 때만큼도 못하다."라는 말처럼, 문자적 신분이 천했던 족足 자가 '만족滿足'과 같이 정正 자를 대신하여 출세한 이유는 그 모양이 닮았기 때문이다.

不(아닐 부 ⚘)	꽃받침이 늘어진 모습이 본래 불不의 모습. 나중에 음을 빌려 부정의 뜻이 되었다. 씨방(一)까지 표현한 비丕는 胚(아이 밸 배)의 본래 글자. 예) 불안不安, 부당不當
足(발 족)	슬개골(口)과 발바닥(止)의 모습. '넉넉하다'는 뜻은 정과 혼동이 되면서 생겼다. 예) 사족蛇足, 지족知足

비명횡사에 비명은 없다

사람들이 갑작스러운 사고를 당하면 대개 비명을 지른다. 자동차에 치이든 높은 곳에서 떨어지든 물에 빠지든 큰소리를 친다. 이런 사고로 죽게 되면 횡사橫死라 부른다.

자다가 갑자기 죽는 돌연사도 있지만 횡사는 대개 사고로 생긴다. 그래서 사람들은 비명횡사라고 하면 사고 따위로 크게 비명悲鳴을 지르고 죽는 것이라 짐작하기 쉽다. 그러나 비명횡사非命橫死는 명命대로 살지 못하고 갑자기 죽었다는 이야기다.

천수天壽를 누리지 못하고 생을 마감한 것이다. 옛날에는 이렇게 죽은 사람은 억울해서 이승을 떠나지 않고 원혼이 된다고 믿었다. 그 원혼은 세상에 해를 끼칠 수 있는 두려운 존재였다. 그래서 각별히 혼을 달래고자 굿을 하거나 제사를 지내주기도 했다.

도시가 확대되고 도로가 늘어나면서 이른바 로드킬road kill로 비명횡사하는 동물도 많아지고 있다. 도로가 늘어나는 것은 어쩔 수 없지만, 동물과 공존하는 방안도 동시에 세워야 한다.

非⁽¹⁷⁵⁾(아닐 비)   좌우로 촘촘한 이가 나란히 있는 참빗의 모습이지만 서로 대치하고 있어 부정의 뜻으로 쓰인다. 예) 비위非違, 시비 是非

命(목숨 명·명령 명)   구口와 령令의 조합. 신줏단지(구口← ㅂ) 앞에 고깔(집스)을 쓴 사제가 무릎 꿇고(ㄲ) 신의 명령을 받는 모습. 본래 신명神命이나 천명天命을 뜻했다. 장수와 요절도 하늘이 정하는 것이라 명命이 수명壽命까지 뜻하게 된다. 예) 혁명革命, 운명運命

橫(가로 횡)   黃(누를 황)은 몸에 걸치는 패옥佩玉(𧪩)의 모습. 문짝에 가로로 걸치는 빗장(木) 횡橫의 본래 의미. 가로지르는 데서 '거스르다', '제멋대로 하다'는 뜻이 생겼다. 예) 횡단橫斷, 종행 縱橫

死(죽을 사)   죽은 자의 해골(알歹)을 앞에 두고 절하며 조문하는 사람(비匕)의 모습. 예) 사망死亡, 전사戰死

세발낙지 말고 가는 발 낙지

태양을 상징하기도 하는 세발 까마귀는 다리가 셋 달렸다. 우리 민족은 특히 숫자 삼三을 좋아하여 성스럽고 길한 수로 여긴다.

그렇다면 세발낙지는 다리가 셋 달린 낙지인가? 세발낙지의 실물을 보면 다른 낙지와 마찬가지로 다리가 여덟 개다. 여기서 '세'는 삼三이 아니고 '가늘다'는 뜻을 가진 세細 자를 쓴다. 그러므로 세발낙지는 영양부족 등 여러 사정으로 성장이 더디어 가는 발을 가진 낙지를 일컫는다. 가는 발 낙지 혹은 세족細足낙지라고 우리말이면 우리말끼리, 한자이면 한자끼리 단어를 합쳐 말하면 혼란이 없을 것이다. 우리말과 한자어를 섞어 쓰니 헷갈린다.

전남 진도에 있는 국립국악원 행사에 참여했을 때, 지전춤을 배운 적이 있다. 지전紙錢이란 '종이로 만든 돈'이란 뜻의 한자어인데 여기에 고유어인 춤을 더했다. 차라리 지전무紙錢舞라고 하는 편이 낫다.

특별한 이유 없이 한 어휘에 한자어와 고유어를 섞어 쓰면 혼란스러우니 한자는 한자끼리, 고유어는 고유어끼리 이어 쓰는 것이 좋다. 낙지도 본래 한자어로는 낙제絡蹄로 표기한다. 제蹄는 굽이나 올무를 뜻한다. 여러 발을 올무(蹄)처럼 엮어(絡) 먹잇감을 잡는 데서 붙여진 이름인지 모르겠다. 아니면 여러 발(蹄)이 한 몸으로 이어져(絡) 있기 때문일까?

細(가늘 세) 　전田은 정수리를 나타내는 신囟의 변형. 어린이의 정수리(신囟)가 아직 굳지 않아 부드럽고 가는 그물코(멱糸[부121])같은 데서 세細는 '가늘고 부드럽다'는 뜻이다. 예) 세포細胞, 상세詳細

絡(이을 락) 　각各은 신줏단지(구口[부31] ←∪)에 담은 기도에 따라 신이 홀로 내려오는(치夊[부30]) 모습. 신이 강림하는 것은 하늘과 땅을 잇는(멱糸[부121]) 행위이며 이를 락絡이라 한다. 예) 연락連絡, 경락經絡

蹄(발굽 제) 　제帝(𢆉)는 천제天帝 등에게 지내는 제상의 모습으로 여러 개의 나뭇가지가 교차되어 있다. 이 가지들을 둥글게 묶어 붙인 것이 체締(맺을 체). 둥글게 발(足)을 감싼(締) 것이 제蹄. 예) 구제역口蹄疫

여의봉과 여의도

손오공孫悟空이 용궁에서 훔친 여의봉은 무게가 13,500근에 이르고 크기가 하늘과 땅까지 닿게 늘어난다. 그렇지만 바늘이나 송곳만큼 작게 변화시킬 수도 있다. 여의봉如意棒은 내 뜻(의意)에 따라(여如) 무엇이든 변화시킬 수 있는 막대기다. 그래서 손오공은 이 가공할 무기인 여의봉을 가지고 각종 요괴를 제압한다.

여의봉과 비슷한 것으로 여의주如意珠가 있다. 용의 턱 밑에 있는 이 신비한 구슬도 무엇이든 뜻하는 대로 만들어 낸다. 용이 하늘을 날고 비바람을 만드는 것도 여의주의 신통력 때문이다. 이 '여의如意'는 일상에서 흔히 '여의치 않아'라고 해서 자기 뜻대로 일이 돌아가지 않을 때 쓰인다.

그렇다면 서울 한강에 있는 여의도도 이와 관련이 있을까? 강 건너에는 용산龍山이 있다. 홍수 때는 물에 잠겨 쓸모도 적었던 섬이 개발되어 지금은 국회의사당, 방송국, 금융기관 등 핵심적인 기관들이 몰려 있다. 그러니 여의봉이 요술을 부리는 것처럼 상전벽해의 변화가 일어나서 여의도라고 생각할 수도 있다. 아니면 한강에 사는 용의 구슬처럼 생긴 섬이라 생각할 수도 있다.

그러나 여의도汝矣島는 여의봉의 한자와 다르다. 우리말로 하면 '너의 섬'이라는 말이다. 물에 자주 잠겨 척박한 땅이라 임금이 어느 신하에게 주면서 '너의 섬'이라 했다는 전승이 있지만 확실하지 않다. 확실한 것은 나라를 자기 마음대로 할 수 있는 국회, 방송국, 금융감독원 등이 소재한 섬이라는 사실이다.

如(같을 여)   신줏단지(구口⁷³¹ ←∪)를 앞에 두고 기도하는 무녀(녀女⁷³⁹)의 모습. 신의 뜻을 따르는 데서 여如는 '따르다, 같다'의 의미가 된다. 예) 여실如實, 여하如何

意(뜻 의)   음音(☗)은 언言(☗)과 일(一)의 조합. 언言(☗)은 신줏단지(∪) 앞에서 기도하면서 그 기도에 거짓이 있다면 침(신辛)으로 벌을 받겠다는 의미. 거짓 없이 기도하는 말이 언言의 본래 의미. 그 기도에 신이 응답하는 모습을 일(一) 자 형태로 표현한 것이 소리를 뜻하는 음音. 그 소리(음音)의 뜻을 마음(심心⁸⁶)으로 살피는 것이 의意. 예) 의견意見, 선의善意

벙어리 방울, 아령

아령은 알다시피 가슴이나 팔근육을 강화하기 위한 운동기구다. 그런데 아령啞鈴을 한자로 보면 '벙어리 방울'이라는 뜻이다. 참 재미있는 표현이다. 한자문화권 고유의 말은 아닌듯하다. 왜냐하면 영어에서도 이를 'dumbbell', 즉 '벙어리 종(방울)'이라고 표현하기 때문이다.

서양 중세 시대, 전쟁을 수행하는 기사들이 근육 강화를 위해 교회에 걸린 종을 들어 올리는 운동을 했다. 그러나 매번 그 소리가 번거롭기에 종의 추를 떼고 썼다. 그래서 벙어리 종(dumbbell)이란 말이 되었고 그것을 아마 일본에서 아령啞鈴으로 번역한 것으로 보인다. 아령에 막대기(bar)를 연결해서 쓰면 바벨(barbell)이 된다. 아령은 진짜로 방울이나 종에서 온 것이다.

그런데 한국 고대 유물에도 아령과 같은 방울이 있었다. 기원전 2~3세기 청동기 시대의 쌍두령雙頭鈴이 그것이다. 쌍두령은 샤머니즘과 관련된 제의에서 쓰이던 무구巫具로 추정된다. 쌍두령의 모습을 표현한 한자가 공工이다. 이 글자는 무巫(무당 무), 좌左(왼 좌) 등에 포함되어 있는데 샤먼이 굿을 할 때 손에 들고 있는 모습이다.

이렇든 한자는 우리 민족의 종교의례와 깊은 관련이 있다. 왜냐하면 동이족이 서진西進하여 중원지역에 세운 상商나라가 한자의 원형이 된 갑골문을 만들었기 때문이다. 문자를 처음 만든 사람은 사제들이었으며 그들은 동이 계열의 샤머니즘적 전통을 이어받았다. 따라서 한자를 가장 잘 설명할 수 있는 사회적 배경은 우리 민속과 유물에 있다.

啞(벙어리 아) 웃거나 새가 우는 소리를 나타낸 의성어지만 瘂(벙어리 아)와 통용하여 쓴다. 아亞는 능묘陵墓 안에 관을 두는 현실의 모양이다. 입(口)의 기능이 죽었다고 생각할 수 있다. 예) 아연啞然, 농아聾啞

鈴(방울 령) 令(명령 령　)은 사제가 무릎 꿇고 앉아 신의 뜻을 듣는 모습. 사제는 방울을 써서 신을 부르고 보낸다. 예) 영탁鈴鐸, 요령搖鈴

이발과 단발

'머리를 자른다'는 말이 목을 베는 단두斷頭를 의미하지 않는다는 사실을 누구나 알고 있다. 여기서 머리는 머리카락을 말한다. 불과 수십 년 전만 해도 사람들은 머리를 자르려고 이발소나 이용원을 갔다.

이발理髮은 '머리를 정리整理하다'는 의미, 이용理容은 '용모容貌를 단정히 하다'는 의미다. 옛날에 신체발부身體髮膚(몸과 머리털과 피부)는 부모님으로부터 물려받은 것이라 훼손하지 않으려 했다. 특별한 경우가 아니면 머리를 자르는 일은 없었다. 하지만 일제 강점기가 시작되면서 단발령斷髮令에 의해 사람들은 머리를 자르기 시작했다. 그 이전에는 머리를 자르는 일은 없고 긴 머리를 정리할 뿐이었다. 그래서 이발理髮이라 한 것이다. 이발이란 말에 머리를 자른다는 것은 제외되었지만 지금은 반드시 머리를 잘라 단정히 한다.

아침마다 머리를 자르는 일 없이 감고, 말리고, 빗는 행위가 이발의 본래 의미에 가깝다. 그리고 머리를 단정히 하는 일이 곧 얼굴 전체를 단정히 하는 일의 핵심이라 이용理容이란 말도 쓴다. 여기서는 머리뿐만 아니라 얼굴을 씻고 가벼운 화장을 하는 것까지 포함된다. 이발보다는 이용이 범위가 넓다. 여자의 경우는 단정함을 넘어 아름다움을 추구한다. 그래서 정리한다는 뜻의 리理대신에 미美를 써서 미용美容 혹은 미장美粧이라 한다. 어의語義 상 아름다운 용모를 만들거나 꾸민 다는 말이어서 머리와는 직접 상관없어 보인다. 그러나 실제로는 모두 미발美髮을 중심으로 아름다움을 추구한다는 의미다.

理(다스릴 리) 옥(옥玉무9)의 결처럼 마을(리里)을 다스리는 일이 리理. 옥의 숨겨진 무늬(문文무9)와 결(리理)을 갈아서 드러내는 것이 본래 리理. 예) 이해理解, 궁리窮理

斷(자를 단) 계𢆶는 베틀에 걸린 여러 줄의 실(사絲) 모습. 이를 도끼(근斤무70)같은 칼날로 자른 모습이 斷. 이로부터 단절斷絶·단정斷定·단죄斷罪 등이 생겼다. 비슷한 뜻을 가진 절絶은 염색(색色무140) 중인 실(멱糸무121)이 약해서 끊어진 것을 말한다. 예) 횡단橫斷, 단발斷髮

髮(터럭 발) 장長무105은 긴 머리카락을 가진 노인이고 삼彡무69 또한 그 머리카락이 아름다운 모습이다. 발犮은 희생으로 삼기 위해 개(犬)를 베는(丿) 모습이지만 여기서는 발음 역할을 한다. 예) 백발白髮, 장발長髮

容(얼굴 용) 사당(부宀무41)에서 기도(구口무30←ᵁ)에 응하여 신이 그 모습(𠙦), 즉 신기神氣를 드러낸 모습이 용容이다. 신이 사당에 들어오므로 '받아들이다'는 뜻도 있다. 예) 용모容貌, 수용受容

美(아름다울 미) 희생으로 쓰는 양羊의 전신全身이 아름다움을 나타낸다. 양의 머리부문(양羊)과 뒷다리 부분(대大)이 합해졌다. 희생으로 쓰는 짐승은 병이나 흠이 없이 아름다워야 한다. 예) 미관美觀, 미려美麗

인세는 세금?

세금은 원칙적으로 국가만이 부과할 수 있다. 전기세나 수도세는 사실 세금이 아닌데도 세를 붙이는 데, 본질은 전기와 물을 사용한 요금이지 세금은 아니다. 본래 전기나 수도는 국가에서 운영하고 요금을 징수해서 세금으로 착각하는 것이다. 그런데 국가와 관련도 없고 민간 거래인데 세금으로 불리는 것이 인세다.

인세는 출판사 등의 발행자가 정가나 발행 부수에 따라 저작권 소유자에 지급하는 금전을 말한다. 원래는 발행 부수 확인을 위해 저자가 서적 등의 안쪽에 날인하거나 날인한 검인지를 붙였다. 그 날인 수에 따라 지급하는 방식이 정부의 수입 인지세와 비슷하여 인지세, 줄여서 인세로 불리게 되었다. 지금은 인지를 붙이지 않는 경우가 많아 로열티(저작권 사용료)의 의미로 인세를 쓰고 있다.

印(도장 인 ▲)　무릎 꿇고 앉아 있는 사람(절 卩 부27)의 얼굴을 손(조爪 부88)으로 누르는 모습. 노예 등을 나타내는 표식을 얼굴에 찍는 모습으로 보인다. 눌러 찍는 데서 도장이란 뜻이 파생되었다. 예) 인주印朱, 영인본影印本

稅(세금 세)

태兌는 남자 무당(형兄→축祝) 위로 신기神氣(八)가 내려오는 모습으로 신이 들려 기쁜 상태(悅 기쁠 열)를 나타낸다. 형兄은 신줏단지(구口 ←∪)를 이고 있는 사람(인儿)으로 본래 박수무당인 축祝을 가리켰다. 이렇게 무당이 주관하는 축제祝祭(태兌)에서 쓸 비용으로 거두는 곡식(화禾)이 세稅. 예) 세무서稅務署, 관세關稅

이름 대신 호를 부른 역사, 흐지부지

옛날 사람들은 이름과 실체를 동일하게 여기는 경향이 있었다. 그래서 실명은 공개하지 않은 것이 일반적이었다. 실명이 알려지면 적대적인 세력이 주술을 걸어 해를 끼치기 때문이다. 그래서 실명인 명名과 자字 대신에 호號를 지어 불렀다.

명名은 아이가 태어나서 정식으로 씨족의 구성원으로 인정받을 때, 자字는 관례 때 부여받는 실명이었다. 또 여자가 남자에게 실명을 알려주면 그것은 곧 혼인하겠다는 의미였다. 그 실명을 휘諱라 하는데 사람이 죽은 뒤에는 그 글자를 쓰는 것조차 꺼렸다.

이를테면 당나라 태종의 이름은 세민世民이었다. 그래서 『세본世本』이라는 책은 『계본系本』으로, 『사민월령四民月令』이라는 책은 『사인월령四人月令』으로 고쳐 썼다. 이렇게 실명인 휘諱는 쓰기를 꺼리기 때문에 '꺼리다'는 뜻도 갖게 되었다. 그래서 말하기를 꺼리는 것을 휘지諱之, 어떤 일을 감추는 것을 비지秘之, 이를 합하여 '휘지비지'라 하였다. 이후 발음상 편리한 대로 '흐지부지'로 변했다.

원래는 뜻을 밝히지 않고 감추는 의미였지만, 꺼리고 감추는 데서

시비를 분명히 가리지 않고 대충 넘어가거나, 거창하게 시작한 일이
어영부영 끝나는 것을 가리키게 되었다.

참고로 예전에는 부모의 이름을 함부로 입에 올리지 못했다. 어쩔
수 없이 말할 때는 성은 그대로 부르고 이름에는 각각 무슨 자, 무슨
자를 쓰신다고 말했다. 아버지 이름이 홍길동이라면 "제 아버님은 홍,
길 자 동 자를 쓰십니다"고 한다. 간혹 성에도 홍 자라고 칭하는 경우
도 있는데 성에는 자를 붙이지 않는다.

諱(꺼릴 휘)   본래는 높은 사람의 이름을 가리켜 휘諱라 했다. 높은 사람의 이름은
함부로 부를 수 없었으므로 '꺼리다'는 뜻도 가진다. 휘諱의 소리 부분
인 위韋는 성을 지키는 모습이다. 따라서 말(언言)을 함부로
발설하지 않고 지키는(위韋) 것이 휘諱. 예) 휘기諱忌, 휘피諱避

祕(숨길 비)   필必( )은 창과 도끼 같은 무기의 날을 장착한 부분의 모습. 양쪽의
점(八)은 광택을 표현. 이 무기를 가지고 제상(示) 앞에서 비밀스
러운 의례를 하는 모습이 비祕. 예) 비원祕苑, 신비神祕

"

4

잘못 알고 있는 말

"

겨루기와 집중하기, 경주

'토끼와 거북이의 경주' 이야기를 모르는 사람은 없다. 모두 토끼가 이길 것으로 생각했지만 의외로 거북이가 이겨 충격과 감명을 받은 어린 시절의 기억이 있다.

"느리지만 쉬지 않고 노력하는 자가 승리한다."는 소중한 교훈을 준다. '경주競走'는 보통 빠르기를 겨루는 것이다.

그런데 "나라마다 경쟁력을 높이는 데 국력을 경주하고 있다."라고 할 때도 경주競走일까? 각 나라가 앞다투어 경쟁력을 높이고자 하는 것이니 경주競走라고 생각할 수 있겠다. 그러나 여기서는 빠르기를 겨루는 것이 아니라 힘을 한 곳에 기울여 집중한다는 의미의 경주傾注다.

다른 사람의 이야기를 주의 깊게 듣는 것 또한 경청이라고 한다. 여기서 경이 존경한다는 의미의 경敬이라 생각하기 쉽다. 하지만 경청傾聽도 귀를 기울여 듣는다는 의미다. 경傾은 '기울다'는 뜻과 함께 집중한다는 의미가 있다.

競(다툴 경 $\overset{\text{競}}{\text{競}}$)   두 사제(兄→祝)가 위에 기도문(언言부15획)을 각자 받들고 있는 모습. 지금도 티베트 사원 등에서 사제들이 신 앞에서 경전이나 기도를 다투어 외치는 모습을 볼 수 있다. 예) 경연競演, 경보競步

走(달릴 주 $\overset{\text{走}}{}$)   사람(대大부30획)이 팔을 흔들며 달리는 모습. 지止는 발의 모습으로 족足부15획의 동사형. 예) 계주繼走, 주구走狗

傾(기울어질 경)   신령(비匕부21획)이 내려오자 몸을 기울여 예배하는 모습(혈頁부18획)이 경頃. 신은 잠깐 나타나고 사라지는 것이라 경頃이 '잠깐'의 뜻으로 쓰였다. '기울다'는 뜻에는 인亻부9획을 더한 경傾을 만들어 씀. 예) 경향傾向, 경사傾斜

注(부을 주)   주主($\overset{\text{主}}{}$)는 등잔. 거기에 기름(수氵부8획)을 붓는 모습이 주注. 예) 주의注意, 주사注射

오이가 익듯 사람이 무르익은 나이, 과년

시대의 변화와 함께 결혼 적령기도 거의 두 배 가까이 늘었다. 100년 전만 해도 여성은 10대 후반(16~18세)이 적령기였다. 지금은 30대 초반에서 후반에 혼인하는 여성이 많다. 심지어 결혼하지 않고 독신으로 살겠다는 여성도 늘고 있다.

여염집에 과년한 딸이 있다는 말은 곧 혼인을 올려야 할 딸이 있다는 뜻이다. 과년이란 말을 처음 들은 사람들은 '혼인 적령기(年)가 지났다(過)'는 의미로 생각한다. 그런데 한자로 보면 과년瓜年이라 해서 瓜(오이 과) 자를 쓴다. 여기서 과瓜는 오이를 뜻하지 않는다. 이 글자를 비스듬히 쪼개면 마치 팔八 자가 두 개 있는 듯 보인다. 그래서 8+8 즉 이팔청춘 16세를 가리킨다. 88세를 미수米壽라고 하는 데 미米를 파자破字(한자의 자획을 풀어 나눔)하면 八十八이 되는 것과 같다. 이런 파자설과 달리 춘추시대 제나라의 고사 과시瓜時에서 그 의미를 추론해 볼 수도 있다.

제나라 양공이 연칭과 관지보라는 대부를 먼 지방에 주둔하게 하였다. 그러고는 다음 해 오이가 익을 때(과시瓜時) 다른 사람과 교대시켜

주겠다고 약속했다가 지키지 않아 두 대부에게 양공이 죽임을 당한다. 여기의 과시瓜時는 오이가 익을 때 혹은 임기를 가리킨다. 이로부터 추론하면 과년은 오이가 익듯이 사람도 무르익은 나이 곧 혼인 적령기인 16세를 의미하는 것으로 볼 수 있다.

그런데 국어사전을 보면, 혼인할 시기를 지난 상태에 있다는 의미의 과년過年이란 말도 있다. 일반적인 감각으로 과년過年이란 '지난해'로 해석된다. 혼인 연령이 지난 의미로 쓰인 것은 아마 과년瓜年이란 말을 과년過年으로 오해하면서 생긴 듯하다. 적정 연령이 지났다는 의미라면 초년超年이나 초령超齡이 더 적당하다. 어쨌든 과년이란 말은 한자를 어떻게 쓰느냐에 따라 적령기(16세)를 가리키거나 적령기가 지났다는 의미로 나뉜다.

瓜(오이 과 ㅣ) 줄기(冖)에 오이(厶)가 열린 모습. 예) 과전瓜田, 모과木瓜

過(지날 과) 길을 지나가면서(착辶부162) 해골의 상반신(咼)에 신줏단지(구口부31←ㅂ)를 더해 주술적인 의례를 행하는 모습. 나그네가 화禍를 피하기 위해 그와 같은 의례를 행했다. 예) 과객過客, 통과通過

年(해 년 ㅣ) 화禾부115와 인人부9의 조합. 선농제 등 풍년을 기원하는 제사를 지낼 때 벼 모양의 탈을 쓰고 성인 남녀와 아이가 춤을 추었다. 남녀가 성적인 춤을 추면서 생산력을 증대할 수 있다고 믿었다. 예) 풍년豊年, 연하장年賀狀

욕심이 많은 것일까 적은 것일까, 과욕

"사람이 과욕하면 자기도 망치고 사회도 망친다."라는 말이 있다. 그런데 여기서 과욕은 과욕寡慾일까? 과욕過慾일까? 전자는 욕심이 적다는 이야기고 후자는 욕심이 많다는 이야기다.

욕심이 지나치게 적으면 사람이 무기력할 수 있다. 지나치게 많으면 타인의 이익을 해치고 자신을 망칠 수 있다. 적당한 욕심은 자기계발을 통해 사회에 공헌하면서도 공동체와 조화롭게 살 수 있는 원동력이다.

앞의 문장에서 과욕이 과욕寡慾인지 과욕過慾인지 판정하기가 쉽지 않다. 물론 일반적으로 문제가 되는 것은 과욕過慾이다. 그래서 부정적인 문장에서는 과욕이 過慾인 경우가 많겠지만 寡慾도 좋은 것만은 아니므로 헷갈릴 수 있다. 이렇게 동음반의同音反意인 경우에는 한자를 병기해야 한다.

寡(홀어미 과 🖐) 　사당(면宀부40)에서 관을 쓴(혈頁부181) 사람(刀←인人부9)이 슬퍼하는 모습. 왕이 자신의 덕이 부족해 선왕이 죽음을 애도하면서 과인寡人, 곧 덕이 부족한 사람으로 쓰면서

과寡에 모자란다는 의미도 생김. 예) 중과부적衆寡不敵, 과묵寡默

過(지날 과) 과冎(ㄹ)는 상반신의 해골(骨骨)이 흩어져 있는 모양. 그 앞에 신줏단지(구口^{부31}←ㅂ)를 놓고 망령亡靈이 가진 주술적 힘으로 도로를 지나가는(착辶^{부162}) 자의 안전을 기원하는 모습. '지나치다'는 뜻에서 '잘못'의 의미도 생겼다. 예) 과정過程, 사과謝過

慾(욕심 욕) 기도문이 적힌 신줏단지(구口^{부31}←ㅂ) 위에 신의 모습(八+八)이 나타나기를 바라는(흠欠^{부76}) 것이 '바라다'는 뜻의 욕欲이고 그 명사형이 욕慾. 예) 탐욕貪慾, 정욕情慾

　한국과 일본은 서로 앙숙이다. 그러나 야구나 농구 같은 체육 분야에서는 한일 고교 친선대회를 열며 화합을 도모하기도 한다. 이처럼 해마다 서로 장소를 바꿔가며 치르면서 이를 교환경기라 부른다. 그런데 장소를 바꿔가면서 치르는 경기라서 교환경기일까?

　그렇지 않다. 교환交換은 번갈아 가며 치른다는 것이고 교환交歡은 친선을 도모한다는 뜻이다.

　일제강점기에 있었던 경평축구대회나 고연·연고전도 일종의 교환경기交歡競技에 해당한다. 말 그대로 서로를 반갑게 맞이하는 친선경기親善競技다. 남북 간의 화해 분위기와 함께 서울과 평양의 축구 교환경기를 볼 수 있으면 좋겠다.

交(사귈 교 **☆**)　　　사람이 다리를 교차한 모습에서 '사귀다', '교환하다'는 뜻이 생김. 예) 교역交易, 수교修交

換(바꿀 환)　　　자궁(冂) 사이로 나오는 아이(儿)를 두 손(大)으로 받는 모습이 奐(**☆**). 고대에는 죽은 사람이 다른 사람으로 바뀌어 다시 태어난다는 믿음이 있었다. 나중에 수手(扌)를 더하여 '바뀌다'는 뜻을 명확히 하였다. 티베트에서는 달라이라마가 죽으면, 새로 태어난 아이 가운데 환생한 달라이라마를 찾아 옹립한다. 예) 환율換率, 환골탈태換骨奪胎

歡(기뻐할 환)

환蔉( )은 도가머리(艹)와 큰 눈(吅)을 가진 새(隹)의 모습으로 황새를 나타낸다. 달력이 없던 시절에는 황새와 같은 철새가 오면 농사를 짓기 시작했다. 그래서 철새가 오면 입을 크게 벌려(흠欠) 기쁘게 맞이했다. 예) 환영歡迎, 애환哀歡

옥과 돌이 함께 타버린다, 옥석 구분

흔히들 옥석을 잘 구분해야 한다고 말한다. 조직에서는 충신과 간신, 능력 있는 사람과 없는 사람을 잘 가려 써야 한다는 의미로 쓴다. 그런데 옥석구분이란 성어는 『서경』의 「윤정」편에 "곤륜산에 불이 크게 나면 옥과 돌이 함께 타버린다(화염곤강火炎崑岡, 옥석구분玉石俱焚)."라는 데서 유래한다. 즉 '가린다(구분區分)'는 뜻이 아니라 '함께 타다(구분俱焚)'는 뜻이었다.

본래 의미대로라면 옥석을 구분해서는 안 된다. 좋은 것과 나쁜 것 가리지 않고 다 불태운다는 뜻이기 때문이다. 나눈다는 뜻으로 꼭 쓰고 싶다면 '옥석을 가리다' 혹은 '옥석을 구별하다'라는 표현이 좋다. 이처럼 한글로는 동일하나 한자로는 정반대이거나 혼동을 일으키는 단어들은 최소한 한자를 병기해야 한다.

俱(함께 구) 　 具(갖출 구 🐾)는 제사에서 쓰는 솥(정鼎⁻²⁰⁶)을 두 손(공廾⁻⁵⁶)으로 받든 모습으로 바칠 제물과 제기들이 갖추어졌다는 의미. 여기에 인人을 더한 구俱는 제사에 봉사할 인원이 모두 출석했다는 의미. 예) 구비俱備, 불구不俱

130

焚(불사를 분)　숲(림林)을 불사르는(화火^{부87}) 모습. 고대에는 사냥을 위해 숲을 태우는 경우가 있었다. 예) 분향焚香, 분서焚書

區(구역 구)　비밀스러운 곳(혜匸^{부24})에서 여러 개의 신줏단지(품品)를 벌려놓고 기도나 저주를 하는 모습. 작은 구역을 둘러치고 의례를 행하므로 구역의 뜻이 된다. 예) 구역區域, 구내區內

分(나눌 분)　칼(도刀^{부18})로 사물을 둘로 나눈(八) 모습. 분할分割의 뜻으로부터 그 구분에 따른 것, 즉 신분身分·명분名分의 의미도 된다. 예) 분할分割, 신분身分

해충을 몰아내는, 해충 구제

"인공 영양제 남용으로 저항력을 잃은 땅에 밀생하는 악충 그것을 구제한답시고 치사의 약물을 끝없이 주입하고 있지 않은가."

박경리 작가의 『원주통신』에 나오는 글이다. 땅과 자연에 대한 작가의 혜안을 담고 있다. 그런데 '악충을 구제'한다니 이상하지 않은가! 악충은 보통 박멸하려고 하는데 이를 구제한다는 게 말이 잘 되지 않는다.

여기서는 구제救濟가 아니라 구제驅除, 즉 몰아낸다는 말이다. 한자를 자주 접하지 않은 사람이라면 이런 글을 쓰기도 쉽지 않을 뿐 아니라 이해하는 데도 시간이 걸린다.

윗글에서는 그나마 악충이 있어서 그것이 구원의 의미로서 구제가 아니라는 것을 알 수 있다. 그렇지만 만약 "철수는 멧돼지를 구제하기 위해 영철을 불렀다."라는 글은 어떤가. 이 문장만으로는 구원의 의미인지 쫓아낸다는 의미인지 알 수 없다.

동음이의同音異義를 갖는 단어는 한자 병기를 해주는 것이 좋은 이유다.

救(구원할 구)　　求(구할 구)는 주술적인 영靈을 가진 짐승의 모습. 이를 때려(복攵^{부67}) 그 짐승의 영혼을 자극하면서 외부에서 가해진 저주를 없애는 주술 방법을 나타낸다. 예) 구세救世, 구제自救.

濟(건널 제)　　제齊( )는 세 개의 비녀를 머리에 꽂아 가지런히 정돈한 모습. 어지러운 사태를 수습하여 성취·구제하는 뜻이 있다. 제濟는 강(수氵^{부85})을 빠진 사람을 건져 구제한다는 뜻을 갖는다. 예) 경제經濟, 미제未濟

驅(몰 구)　　구區는 은밀한 구역(혜匚^{부24})에서 신줏단지를 벌려 놓고(품品) 기도하거나 저주하는 의식儀式. 그 의식에서 신줏단지를 때려(수殳^{부85}) 기도가 이루어지도록 압박하는 모습이 毆(때릴 구) 이고, 말을 때려 모는 것을 驅(몰 구)라 한다. 예) 선구자先驅者, 구사驅使

除(덜 제)　　여余( )는 손잡이가 있는 큰 침. 이를 주술 도구로 써서 성지(부阝^{부170})의 악한 세력을 제거除去한다. 예) 제명除名, 해제解除

쌓고 만들기도 하며 몰아내기도 하는, 구축

토마스 그레셤Thomas Gresham은 16세기에 영국 여왕의 재정 고문이었다. 그는 정부의 재정 부담을 줄이고자 순도가 떨어지는 금화나 은화를 유통했다. 그러자 기존 금화나 은화를 소유한 사람들은 이를 쓰지 않고 보유하게 된다. 그래서 순도가 낮은 주화(악화惡貨)가 많아지고 순도가 높은 주화(양화良貨)는 시중에서 사라지는 현상이 발생했다. 여기서 "악화가 양화를 구축한다."는 법칙이 나온다.

'구축'이란 말은 보통 '구조물을 쌓는다(構築)'는 의미로 이해되기 때문에 그레셤의 법칙이 무슨 의미인지 감이 오지 않는다.

오히려 영어 원문 "Bad money will drive good money out of circulation."을 보면 "나쁜 돈이 좋은 돈을 유통에서 몰아낸다."는 의미임을 쉽게 알 수 있다.

구축이란 곧 몰아낸다는 의미다. 몰아낸다는 의미의 구축驅逐은 일상적으로 자주 쓰지 않기 때문에 혼란이 일어나기 쉽다. 무기를 갖추고 적의 배를 공격하는 전투함정도 구축함이라 하는데 이도 몰아낸다는 의미의 구축驅逐을 쓴다.

構(엮을 구)　구冓(冓)는 매듭을 위아래로 결합한 모습으로 이에 나무(목木 부75)를 더한 構는 나무를 엮어 구조물을 쌓는 것을 뜻한다. 예) 구성構成, 구도構圖

築(쌓을 축)　축筑은 대(죽竹 부118)로 만든 공구(공工 부48)를 두 손(극廾)으로 단단히 잡고 흙을 공고鞏固하게 다져 쌓는 것. 여기에 나무(목木 부75)를 더한 축築은 나무 절구로 흙을 다지는 것. 예) 축조築造, 개축改築

驅(몰 구)　구區는 은밀한 구역(혜匸 부23)에서 신줏단지를 벌려 놓고(품品) 기도하거나 저주하는 의식儀式. 그 의식에서 신줏단지를 때려(수殳 부79) 기도가 이루어지도록 압박하는 모습이 毆(때릴 구) 이고, 말을 때려 모는 것을 驅(몰 구)라 한다. 예) 선구자先驅者, 구사驅使

逐(쫓을 축)　짐승(시豕 부152)을 길에서 쫓는(착辶 부162) 모습. 지금으로 치면 사람과 곡식을 해치는 멧돼지를 쫓아내는 모습이다. 예) 축귀逐鬼, 축출逐出

나는 대학을 졸업하고 들어간 첫 직장이 제조업체였다. 그때만 해도 직장 상사들이 한자를 제법 많이 썼다. 그래서 업무보고를 할 때 한자를 쓰는 경우가 많았다.

제조업체라 기능인의 역할이 중요해서 기능이란 단어를 쓸 때가 종종 있었는데, 나는 기능이란 말을 익히 써온 대로 기능機能이라 써서 보고서를 제출했다. 그런데 공학을 전공한 부장이 기능技能이라 고쳐주었다.

기능機能이란 말이 어떤 역할이나 작용을 하는 것이라서 그렇게 썼는데 틀린 것이었다. 철학을 전공한 나로서는 技能보다는 機能이란 단어를 접할 기회가 많았다. 하지만 기술적인 능력이므로 技能이라 써야 했다.

技 자는 글자대로 손(手手又)을 쓰는 사람의 재주이고 機 자는 기계나 기관의 역할이나 능력을 뜻하기 때문이다.

技(재주 기)   支(가지 지)는 나무의 작은 가지(十)를 손(우又^{부3획})에 쥔 모습. 손(재才
                ^{부6획}←수手^{부0획})에 연장을 쥐고 솜씨 있게 일을 하는 것이 技. 예) 기예
                技藝, 묘기妙技

機(베틀 기)   幾(낌새 기)는 창(수戍)에 실(사絲)을 장식한 모습. 암행어사 등 왕의 특
                사는 이를 가지고 나쁜 기미幾微를 살펴 죄악을 기찰譏察한다. 이와
                같이 어떤 기능이나 역할을 하는 틀을 機라 한다. 예) 기관機關, 직기
                織機

能(능할 능) 곰(웅熊)의 모습. 곰처럼 우직하고 끈기 있게 견디는 것을 좋은 능력
                能力으로 여겼다. 예) 지능知能, 능사能事

알아야 면장을 하지

내가 태어나고 자란 시골 주소에는 면面이 들어갔는데, 이 글자가 왜 행정구역의 단위로 쓰였는지 알 수 없다. 면面이 서로 '얼굴'을 알수 있는 지역을 말하는 것인지 아니면 어느 방면方面을 뜻하는 것인지 모르겠다. 어쨌든 어려서부터 "알아야 면장을 하지."라는 말을 자주 들었는데 당연히 면장面長이라는 직책을 수행하려면 많은 것을 알아야 한다는 식으로 이해할 수밖에 없었다.

그런데 면장이라는 게 행정단위의 수장이 아니라 실은 면장面墻, 곧 담벼락을 마주하고 서 있다는 말과 관련이 있었다. 말뜻으로만 본다면 "알아야 지사知事를 할 수 있다."가 더 그럴듯하다. 지사知事란 그야말로 일에 대해 잘 안다는 뜻 아닌가.

『논어』 이래 고전에서 면장面墻은 담장을 마주한 것처럼 견문이 없어 무식하거나 어떤 역할도 하지 못한다는 의미가 된다. 그래서 "알아야 면장을 한다."라는 말은 알아야 면장免墻, 곧 무지를 벗어나 어떤 역할을 할 수 있다는 뜻이 된다. 그렇다면 면장은 곧 면장을 면하는 것, 면면장免面墻의 뜻이다. 그래서 '알아야 면장'에서 한자는 면면장

免面墙의 생략형인 면장免牆이라는 주장을 한다. 그러나 면면장 혹은 면장免牆을 쓴 용례를 찾아보기가 어렵다. 나는 주책이나 얌체와 같이 긍정적인 의미가 그대로 부정의 의미로 쓰인 것처럼, 면장도 부정의 의미가 그대로 긍정의 의미와 혼용해서 쓰였겠다고 생각한다.

앞서 이야기했던 것처럼 '주책이 없다'는 말과 '주책이야', 그리고 '얌체'라는 말이 '염치가 없다'와 같은 의미로 쓰이고 있다.

주의할 점은 면장처럼 담을 마주하면 무식하여 제 역할을 못하는 경우를 일컫지만 면벽面壁, 즉 벽을 마주하면 스님이 묵좌하여 좌선하는 것을 가리킨다. 담을 마주하지 말고 벽을 마주하자!

免(벗어날 면 𝑨)	투구를 벗은 모습으로 일탈逸脫의 의미가 있다. 또 임신부가 다리를 벌리고 출산하는 모습이기도 해서 娩(해산할 만)의 본래 글자이기도 하다. 예) 면책免責, 파면罷免
面(얼굴 면 🔹)	제사 지낼 때 얼굴에 쓰는 가면假面의 본래 모습. 얼굴은 눈(목目)이 가장 중요하다고 생각해서 얼굴 윤곽과 눈을 그렸다. 예) 면회面會, 지면紙面
墙(담 장)	嗇(아낄 색)은 來(올 래)와 向(곳집 름)의 조합. 래來가 본래 곡식을 의미하므로 색嗇은 곡식 창고를 의미하고 여기에 토土를 더한 장牆은 본래 창고의 벽을 의미했다. 장牆도 같은 글자. 예) 장벽牆壁, 토장土墻

인재 배출과 쓰레기 배출

드라마 '스카이 캐슬Sky Castle'은 자녀를 명문대나 의대에 입학시키려는 상류층 부모와 그 주변인들의 처절한 이야기를 담고 있다. 그럴 리 없는 허구라 생각했는데 현실이 상당히 반영되었다고 한다.

명문대에 입학하는 졸업생을 많이 배출하면 명문고가 된다. 과거에는 각 지역 제일의 공립고가 그 역할을 했지만 지금은 과학고, 외고 그리고 자율형 고등학교 등에서 명문대 입학생을 많이 배출하고 있다.

이렇듯 인재를 내보내는 것을 배출輩出이라 한다. 그런데 쓰레기 버리는 것도 배출이다. 이때는 안에서 밖으로 밀어 내보낸다는 의미인데 인재 배출도 마찬가지일까?

한자로 인재는 배출輩出, 쓰레기나 가스는 배출排出이라 한다. 輩出의 배輩는 선배先輩, 후배後輩와 같이 무리를 뜻한다. 반면 排出의 배排는 '밀다'는 뜻이다. 배구排球경기는 공을 그물 너머로 밀어내는 경기다.

인재를 배출輩出하는 것은 연달아 훌륭한 사람들을 내보낸다는 뜻, 쓰레기를 배출排出하는 것은 필요 없는 것을 밀어낸다는 뜻이다. 한자를 어떻게 쓰느냐에 따라 배출하는 것이 인재일 수도 있고 쓰레기일 수도 있다.

輩(무리 배)	비非^{무리배}는 참빗의 형태로 좌우 나란히 서 있는 모양이다. 고대 군사용 수레(車車)가 나란히(비非) 나아가는 모습이 배輩로 하나의 전투집단을 가리킨다. 또 같은 군대에 속하는 같은 무리를 동배同輩라고 했다. 같은 세대에 속하면 배輩, 전후 순서에 따라 선배先輩, 후배後輩라고 한다. 예) 동년배同年輩, 무뢰배無賴輩
排(물리칠 배)	비非^{무리배}는 참빗의 형태로 좌우 나란히 서 있는 모양이다. 상대(비非)하는 한쪽을 손(扌←수手^{무66})으로 밀어내는 모습이 배排. 예) 배격排擊, 배척排斥
出(날 출)	발(지止^{무09})과 그 뒤꿈치(ㄴ)를 더해 출발하는 모습을 표현했다. 예) 출입出入, 수출輸出

물리치기 어려운 졸음 운전, 수마 운전

온난화 때문인지 지구 곳곳에서 큰 홍수가 잦아졌다. 최근에 급격한 경제성장을 이루기 위해 무분별한 개발을 진행한 중국에서 그 피해가 특히 크다.

만리장성 이후 최대의 토목 공사로 이루어졌다는 싼샤댐이 붕괴위험에 직면하기도 했다. 남의 나라 이야기만은 아니다. 한국도 4대강 사업 등 자연을 거스르는 개발로 인해 언제라도 혹독한 수마水魔의 피해를 입을 수 있다.

물은 인류에게 없어서는 안 되는 절대적인 생명의 원천이지만 때로는 성난 마귀처럼 인간의 삶을 송두리째 삼키기도 한다. 그럴 때 우리는 수마水魔라는 표현을 쓴다.

같은 발음의 수마睡魔에서는 마귀의 역할이 다르다. 여기서는 물리치기 어려운 졸음을 일컫는다. 마귀는 그저 강력한 유혹을 할 뿐 파괴자의 모습은 아니다.

하지만 졸음운전으로 인한 대형 사고의 경우 졸음은 '파괴적인' 수마睡魔에 가깝다. 졸음운전처럼 점잖게 표현하기보다는 수마睡魔운전이라 불러 경각심을 일으키면 좋겠다. 수마睡魔가 발광하지 못하게 적절한 휴식과 수면을 취하면서 운전할 수밖에 없다.

연꽃 중에 아름다운 수련이 있다. 보통 물에서 피기 때문에 수련水蓮이라 생각하기 쉬우나, 수련睡蓮이 맞다. 수련은 밤이 되면 꽃이 봉오리 모양으로 오므라졌다가 낮이 되면 다시 꽃잎을 활짝 핀다. 그래서 밤에 자는 연꽃이라 하여 수련睡蓮이라 부른다.

水(물 수 ∭)　　하천에서 물이 흘러가는 모습. 예) 수해水害, 해수海水

睡(잘 수)　　수垂(坐)는 꽃이 처진 모습. 눈꺼풀(목目무110)이 처져(수垂) 졸린 모습이 수睡. 예) 수련睡蓮, 혼수상태昏睡狀態

魔(마귀 마)　　마麻와 귀鬼의 조합. 마麻는 사당(면宀무41)에서 삼배(패朮)를 걸어 놓은 모습. 초상이나 각종 의례에서 삼 다발을 쓰는 경우가 많다. 여기에 귀鬼를 더한 마魔는 악귀를 뜻한다. 범어 '마라'의 음역. 예) 마술魔術, 병마病魔

안면 인식과 안면 방해죄

인물을 판정하는 데 안면 인식 알고리즘을 이용하는 방법이 확대되는 추세에 있다. 지문이나 홍채 인식을 통한 인물 판정보다 이점利點이 많기 때문이다.

그러나 코로나 바이러스로 마스크를 보편적으로 착용하면서 안면 인식이 방해를 받은 적이 있다. 관련 기업은 마스크를 고려한 새로운 안면 인식 알고리즘을 개발하지 않을 수 없는 상황이었다.

다른 사람이 내 앞을 가리면 안면을 방해하지 말라고 한다. 여기서 안면顔面은 분명히 얼굴을 가리킨다. 그런데 법률에서 말하는 안면 방해죄는 어떤 의미일까? 다른 사람의 얼굴을 가렸다고 죄가 되는 것일까? 아니면 어느 집 옆에 건물을 지어 조망을 가린 것도 안면 방해죄인가?

그렇지 않다. 안면 방해죄에서의 안면安眠은 곧 편히 잠을 자는 것을 일컫는다. 주위에서 소란을 피우거나 불빛이 환해서 잠을 제대로 잘 수 없게 방해하는 행위다.

사람뿐만 아니라 식물도 주위의 불빛이 환하면 잠을 자지 못해 웃자라 열매를 맺지 못한다. 누가 자신의 얼굴을 가렸다고 안면 방해죄로 고소하는 우를 범하지 않기 바란다.

顔(얼굴 안)

언彦은 이마(엄厂부28)에 문신(문文부68)을 해서 아름다운 (삼彡부60) 모습임을 나타낸다. 문신은 관례冠禮라는 성인식 때 행한다. 성인이 되어(언彦) 의례(혈頁부180)를 행하는 늠름한 얼굴이 안顔. 예) 동안童顔, 후안무치厚顔無恥

面(얼굴 면)

제사 지낼 때 얼굴에 쓰는 가면假面 본래의 모습. 얼굴은 눈(목目부110)이 가장 중요하다고 생각해서 얼굴 윤곽과 눈을 그렸다. 예) 면회面會, 지면紙面

安(편안할 안)

새로 시집온 신부(녀女부39)가 사당(면宀부41)에서 신랑 조상의 영靈을 받는 의식을 치르는 모습. 이를 통해 집안이 평안平安할 수 있었다. 옛날에는 조상의 영혼을 받아들여야 그 가문의 일원이 될 수 있다고 생각했다. 예) 안정安定, 평안平安

眠(잠잘 면)

백성을 뜻하는 민民( )은 눈이 찔려 시력을 잃은 모습. 이민족의 한 쪽 눈을 찔러 신을 섬기는 일에 복속시켰고 나중에 백성으로 삼았다. 시력이 없는 모습(민民)을 눈(목目부110) 감고 있는 상태로 여겨 눈을 감고 자는 것을 면眠이라 한다. 예) 수면睡眠, 영면永眠

양성 종양이 코로나 양성보다 낫다

코로나 바이러스로 전 세계가 신음했다. 개인도 하루하루 살얼음을 걷듯 긴장된 생활을 했다. 열과 기침 등 조그만 증상만 있어도 바이러스 검사를 받았다. 바이러스 검사 결과를 나타내는 용어가 양성이냐 음성이냐에 따라 운명이 달라졌다.

그런데 언뜻 양성 반응이 나오면 좋은 것 같다. 이를테면 양성良性 종양腫瘍은 암 덩어리 같은 악성惡性 종양腫瘍에 비해 피해가 거의 없는 멍울이다. 양성良性이란 해가 거의 없는 좋은 성질을 의미하기 때문이다. 그래서 양성良性 반응反應이라 생각하고 안심할 수 있다.

바이러스 검사에서 쓰는 양성陽性과 음성陰性은 한자어가 다르다. 양陽이란 볕이 드는 곳이어서 활동적이라는 의미이며 음陰은 그 반대다. 그러니까 양성陽性 반응反應이란 바이러스가 활동적인 반응을 나타냈다는 것이며 결국 감염되었음을 의미한다. 음성陰性 반응反應을 얻어야 좋은 것이다.

반면에 바이러스에 대항하는 항체抗體 검사에서 양성陽性 반응反應이 나왔다면 항체가 생긴 것이므로 좋은 일이다.

陽(볕 양 **陽**)

양昜은 받침대(丅) 위의 옥(日)이 빛을 발산(삼彡 부위)하는 모습. 옥광玉光은 양기陽氣라고도 하며 심신을 활성화시키는 능력이 있다고 믿었다. 금줄(부阝 부170)을 치고 신이 강림하며 위광威光을 발하는 것이 양陽. 예) 사양斜陽, 양광陽光

陰(그늘 음 **陰**)

금줄(부阝 부170)을 치고 구름(운云→운雲)의 기운을 덮개(금今)로 덮어 신의 위광을 막는 모습이 음陰. 빛이 차단된 곳을 가리킨다. 예) 음덕陰德, 야음夜陰

외국인 선수만 용병이 아니다

  농구나 야구 등 한국의 여러 프로스포츠 리그는 외국인 국적의 선수를 정해진 수만큼만 쓸 수 있다. 이전에는 이들을 용병傭兵이라고 표현하는 경우가 많았다가 정치적인 이유 때문에 지금은 '외국인 선수' 줄여서 '외인'이라 부른다.

  그렇지만 언론에서는 여전히 외국인 선수를 용병이라 부르는 사례가 적지 않다. 농구나 배구는 출전하는 선수가 비교적 적기 때문에 외인 1명이 차지하는 역할이 크다. 그래서 팀 성적이 외인에 의해 좌지우지되는 경우가 많다.

  반면에 야구나 축구는 선수 수가 많아 용병의 활약이 상대적으로 팀 성적에 끼치는 역할이 적지만 그래도 중요한 관건이 된다.

  그런데 용병이란 연봉을 받고 병역에 복무하는 사람이다. 스포츠를 전투에 비유하여 병졸을 뜻하는 용병이라 부른 것이다. 그런데 한국 선수 역시 연봉을 받고 경기에 참여하니 용병이라 할 수 있다.

  다만 국내 선수는 비교적 장기 계약을 하는데 외인 선수는 적으면 1년 단위로 계약한다. 그러니 외국인 선수만 용병이라 표현하는 것은 이 점에 있어서도 역시 적절하지 않다. 역시 외인 선수가 적당한 표현이다.

傭(품팔이 용)

용傭은 경庚(甬)과 용用(用)의 조합. 전자는 두 손(국臼)으로 절구질(오午)하는 모습이고 후자는 목책의 모습. 목책(용用)에 흙을 담아 절구(경庚)로 다져서 담(용墉)을 쌓는 모습이 용傭. 그 일에 품을 파는 사람이 용傭. 예) 고용雇傭, 용선傭船

兵(군사 병)

도끼(근斤부70)를 두 손(공廾부55)으로 치켜든 형상으로 무기를 잡고 싸우는 모습. 예) 병법兵法, 통신병通信兵

독점하기도 되팔기도 하는, 전매

전매라고 하면, 늘 국민 전체의 큰 관심사인 아파트 분양권 전매 제한을 떠올린다. 물론 1987년 이전에는 담배와 홍삼을 독점으로 제조하고 판매한 전매청을 떠올리는 사람들도 있다.

전매專賣란 주로 국가가 재정사업을 위해 특정한 상품의 제조와 판매를 독점 경영하는 것이다. 개인도 특허권에 따라 전매를 행하기도 하지만 보통은 국가가 행한다.

한국에서는 조선시대에 궁중 경영을 위해 홍삼을 실질적으로 전매한 사례가 있고 이후 담배, 소금 등이 추가되었다. 이후 시장개방으로 국가기관인 전매청이 폐지되고 주식회사로 바뀌어 전매사업은 경쟁체제가 되었다.

세계시장이 자유화되면서 맞게 된 일종의 전매專賣 제한制限이라 하겠지만, 지금은 아파트 분양권 등 전매轉賣 제한制限이 관심이다.

전매轉買란 물건을 사서 되판다는 의미다. 실수요가 목적이 아니라 매매를 통해 이익을 실현하는 투기 목적이 대부분이다.

투기 망국론이 생길 만큼 아파트 값이 치솟는 상황에서 투기지구에서 전매轉賣를 제한하는 행위는 당연한 정책이다.

專(오로지 전)	자루(전叀) 안에 물건을 넣고 손(촌寸^{부42})으로 쳐서 단단히 다진 모습. 한 곳에 다 모았다는 의미에서 전專은 '오로지'라는 의미. 예) 전문專門, 전결專決
轉(구를 전)	전專은 물건을 자루(전叀)에 다져 넣은 모습. 그 자루(전專)를 수레(거車^{부159})로 옮기는 것이 전轉. 예) 전환轉換, 반전反轉
賣(팔 매)	買(살 매)는 많은 조개(패貝^{부154})를 사서 그물(망网^{부122})에 모으는 모습. 여기에 출(出←士)을 더한 매賣는 매입한 물건을 다시 내다 파는 것을 의미. 예) 매관賣官, 발매發賣

첩이 아닌 본처, 주부

옛날 사내들은 혼인 후 본부인 말고 첩을 두는 경우가 적지 않았다. 왕후장상王侯將相(제왕, 제후, 장수, 재상)은 물론 상민에 이르기까지 허용된 제도였다.

당시에는 첩이 아닌 본처를 주부主婦라고 불렀다. 주부가 낳은 자식만이 적자嫡子이고 양가良家(지체가 있는 좋은 집안)라도 첩이 낳은 자식은 하층민에 속했다.

주부는 종부宗婦(종가의 맏며느리)로서 집안의 제사를 책임지는 사람이었다. 제사를 주관하는 사람은 책임도 크지만 권한도 막강했다.

첩은 '자식들이 다 자라고 늙으면 집안일을 소중히 여기며 본처(주부)를 섬기면서 버림'받는 그런 존재였다. 지금은 가정경제의 주체로서 주부이지만 과거에는 첩과 대비되는 의미였다.

시대상황에 따라 같은 말이라도 뜻이 달라진다. 나는 주부를 주부住婦로 생각한 적이 있었다. 안사람 혹은 집에서 살림하는 여자 정도의 의미다.

영어의 'housewife'에 대응한다고 생각했지만 결과적으로 틀렸다.

주부는 살림을 책임지는 주인으로서 부인, 곧 주부主婦가 housewife의 번역어로서 적당하다.

주부를 부엌에서 살림하는 여자, 곧 주부廚婦로 생각하는 남편도 있는지 모르겠다. 그러지 말고 남편 역시 스스로 주부廚夫가 되어 집안일을 나누어하는 것이 좋다.

主(주인 주 ☵)   불꽃(丶)과 등잔대(王)의 모습. 불을 신성하게 여겨 의례에서 불을 쥔 자가 주인이나 가장이었다. 예) 주관主管, 지주地主

住(집 주)   주主는 등잔대에 불이 타는 모습으로 기둥(주柱)처럼 서 있는 의미가 있다. 기둥을 세우고 한 곳에 머무르는 곳이 주住. 예) 안주安住, 주소住所

婦(부인 부 ☵)   사당을 빗자루(帚)로 정화하는 여인(女)으로, 한 집안 주부主婦의 모습. 보통의 청소가 아니라 비에 울창주를 뿌려 사당 내부를 청소하는 것이다. 예) 부부夫婦, 신부新婦

뭐든 하러 나가면, 출사

과거에는 사진이 제한된 사람들만 누리는 취미였다. 사진기의 가격이 만만치 않은 데다가 사진을 찍는 기술도 제법 많은 시간을 들여 익혀야만 했기 때문이다.

그러던 것이 자동 카메라, 디지털 카메라, 폰 카메라 등의 대중화로 이제는 누구라도 사진을 쉽게 찍고 공유할 수 있게 되었다. 이제는 사진을 찍으러 나가는 일, 즉 출사出寫도 일상이다.

이렇든 무슨 일을 하기 위해 나갈 때 '출~'의 형태로 쓰는 경우가 더러 있다. 만약 사범師範학교를 졸업하고 교직에 처음 나간다고 하면 스승을 뜻하는 사師를 써서 출사出師라고 해도 무방하다.

그런데 출사出師라고 하면, 삼국지의 제갈공명의 출사표出師表에서 보듯 군대를 이끌고 전쟁에 나가는 것을 가리킨다. 이를테면 사단師團도 교사 집단이 아니라 군대의 편제를 일컫는다. 어떻게 사師라는 글자에 스승과 군대라는 뜻이 동시에 있을까? 그것은 사師가 고대의 출정 의례와 관련이 있기 때문이다.

옛적에 군대가 출행할 때 군신에게 희생제물을 바치고 제사를 지냈다. 그때 바친 제육(自)을 칼(帀)로 잘라 전쟁기간 동안 휴대하게 된다. 여기서 師는 군대를 가리킨다. 그리고 군대의 우두머리인 사장師長이 은퇴한 후에는 씨족 자제들에게 교학과 군악軍樂 등을 가르쳐 師가 스승의 뜻도 갖는다. 그래서 사師에는 군대와 스승의 뜻이 동시에 생겼다.

出(날 출) 발(지止)과 그 뒤꿈치(凵)를 표현하여 출발하는 모습을 표현했다. 예) 출입出入, 수출輸出

師(스승 사·군대 사) 사(自)는 군대가 출행할 때 군신을 모신 사당에 제사지낸 제육의 모습으로 일종의 수호령이 된다. 장군은 이 제육을 칼(사帀)로 잘라 몸에 지니고 출행한다. 장군이 물러나면 씨족 자제들의 교육을 담당하는 스승이 된다. 예) 사범師範, 의사醫師

제적보다 심한 출교

나는 이른바 586세대다. 1980년대는 군부가 광주민주화운동을 무력으로 진압하고 철권통치를 행하던 시기에 대학교를 다녔다. 그래서 학우들 가운데 군사정권에 저항하다 '출교'라는 징계를 당하는 사례가 많았다. 대부분은 제적을 당했지만 드물게 출교도 당했다.

나는 처음에 '출교出校'라 생각했다. 학교에서 그냥 내쫓은 것쯤으로 알았다. 그런데 나중에 확인하니 '출교黜校'라 해서 학교에서 영원히 추방한다는 의미였다.

학적에서 이름을 지워 버리는 제적除籍보다 훨씬 심한 제재였다. 제적은 재입학이 가능하지만 출교는 원칙적으로 재입학조차 불가능하다. 그리고 알고 보니 출교出校는 학교에서 내쫓는 뜻이 아니라 등교登校와 같이 학교에 간다는 뜻이었다.

한편 교회에서 신자의 자격을 박탈하고 교적에서 내쫓을 때는 출교黜教라고 해서 다른 한자를 쓴다.

그렇게 출교당한 학우들도 세월이 흘러 민주화가 진척된 뒤에는 사면되어 대부분 복학해서 졸업했으니 다행이다.

出(날 출)   발(지止^{부76})과 그 뒤꿈치(凵)를 표현하여 출발하는 모습.
예) 출입出入, 수출輸出

黜(물리칠 출)   죄인 등에게 경黥을 쳐서(흑黑^{부203}) 추방(출出)하는 모습.
이마에 묵형墨刑을 가하면 지우기 어려워, 영원히 사회에
서 격리되었다. 예) 방출放黜, 출척黜斥

校(학교 교)   교交( )는 사람이 다리를 꼰 모습으로 여기에 나무(木)
를 더한 교校는 본디 차꼬(죄인에게 씌우는 형틀)를 뜻했
다. 부목을 대서 다친 몸을 교정한다는 의미도 있다. 교정
校正하는 곳으로써 학교學校를 의미한다. 예) 교사校舍,
교정校定

한쪽으로 치우쳐도 고루 퍼져도, 편재

"부(富)와 소득의 편재 현상은 시급히 고쳐야 한다."

"이러한 현상은 어느 지역에 국한된 것이 아니라 전국적으로 편재해 있다."

두 문장에 '편재'라는 같은 말이 쓰이고 있다. 그런데 문맥으로 봐서 정반대의 뜻임을 알 수 있다.

전자의 편재偏在는 한쪽으로 치우쳐 있다는 말이고 후자의 편재遍在는 널리 고루 퍼져 있다는 말이다.

한자까지 편扁이라는 글자가 포함되어 있어서 구별이 쉽지 않다. 이처럼 같은 음을 가지면서도 뜻은 반대인 경우가 있다. 위의 문장은 문맥으로 구분할 수 있지만 그렇지 않은 경우도 있다.

"그는 천지 창조가 있기 전부터 내 반쪽 속에 편재해 있던 한 위격, 같은 동전의 다른 한 면이었다."

이문열 작가의 『사람의 아들』에 있는 이 글 속의 '편재'는 치우쳐있다는 것인지 골고루 있다는 것인지 한 번에 알아채기 어렵다. 이럴 때는 반드시 한자를 병기하는 것이 좋다.

偏(치우칠 편) 편偏(屚)은 외짝 사립문(호戶⁴⁶)의 밑에 대나무를 엮어 (책册) 붙인 모습. 외짝이라 한쪽으로 '치우치다'는 뜻이 있다. 한쪽으로 기운 사람(인亻⁴⁰)의 모습이 편偏. 예) 편 파적偏頗的, 편집증偏執症

遍(두루 편) 편(屚·偏)은 한쪽 혹은 치우치다는 뜻. 한쪽에 치우치지 않고 이쪽 저쪽 고루 돌아다니거나 살피는 모습은 편(屚) 에 착辶¹⁶을 더한 편遍을 쓴다. 예) 보편普遍, 편력遍歷

5

헷갈리기 쉬운 말

깨우치는 계발, 유용하게 만드는 개발

'계발'과 '개발'만큼 발음과 의미가 거의 같으면서도 미묘한 차이가 있는 단어도 드물다. 계啓와 개開는 둘 다 '열다'는 뜻을 가지면서도 차이가 있다.

이를테면 자기 계발이라고도 쓰고 자기 개발이라고도 쓴다. 그러나 토지 개발이라고는 쓰지만 토지 계발이라고 쓰지는 않는다. 계발啓發이란 말은 『논어』의 「술이」 편에 처음 보인다.

"공자께서 말씀하시길 분발하지 않으면 깨우쳐주지 않고 말하려고 노력하지 않으면 촉발시켜주지 않았다(자왈子曰 불분불계不憤不啓, 불비불발不悱不發)."

이로부터 계발은 사람을 이끌어 깨우치게 한다는 의미를 갖게 되었다. 반면에 개발開發은 개간開墾이나 개척開拓과 같이 토지나 자원 따위를 유용하게 만든다는 뜻이었다.

이후에 지식이나 재능, 산업이나 경제 따위를 발전시키는 의미로도 넓혀 쓰였다. 지식이나 재능을 발전시킨다는 의미는 곧 계발과도 통한다. 그래서 사람의 재능을 발전시키는 일은 개발과 계발을 혼용하는

데 정확히는 계발을 쓰는 것이 좋다.

결론적으로 개발은 토지나 산업처럼 사람이 아닌 대상에 주로 쓰고 계발은 사람의 지혜나 능력을 발전시킨다는 의미로 주로 쓴다.

| 啓(열 계) | 호戶는 조상이나 신령의 위패 등을 모신 사당의 문. 그 문을 열고(攵) 신줏단지(구口^{부31}←ㅂ)에 담긴 기도에 응하여 신이 그 뜻을 계시啓示하는 모습. 예)계도啓導, 계몽啓蒙 |

| 開(열 개) | 문에 달린 빗장(門)을 두 손(卅)으로 여는 모습. 예)개업開業, 개막開幕 |

| 發(쏠 발) | 발癶은 두 발을 벌리고 선 자세이고 하부는 활(弓 활 궁)을 쏘는(殳 몽둥이 수) 모습. 개전開戰에 앞서 활을 쏜다는 의미. 예) 발굴發掘, 발전發展 |

사회인이 되면 '결제'와 '결재'라는 말을 자주 듣는다. 두 단어의 의미는 명확히 다른데도 혼동하여 쓰이는 경우가 많다. 특히 인터넷과 신조어의 등장으로 사람들은 정확한 단어의 뜻이나 맞춤법을 모르고 쓴다.

한자로는 결제決濟와 결재決裁로 쓴다. 결決은 물론 '결단·결정'의 의미다. 제濟는 '건너다'는 뜻. 제주濟州는 바다를 건너야 하는 지역이다. 그리고 재裁는 옷감(의衣)을 잘라 만든 데서 '분별하다·판결하다'는 뜻이 있다.

결제란 상거래에서 금전의 지급으로 거래관계를 종료시키는 것을 말한다. 식당에서 밥을 먹으면 손님은 돈을 지불할 채무가 발생하고, 식당은 돈을 받을 채권이 발생한다. 손님이 대금을 지급, 곧 결제하면서 이 관계가 종료되는 것이다. 돈을 건네주어(제濟) 일을 마친다(결決)는 뜻이 결제決濟다.

결재決裁는 상위의 권한을 가진 사람이 아랫사람이 제출안 안을 분별하여(재裁) 허가 혹은 불허의 결정을 내리는 일을 뜻한다. 결재에는 대금을 지불한다는 의미는 없으므로 '대금 결재'라는 말을 써서는 안 된다.

결제決濟는 돈을 건네주어(제濟) 끝냈다(결決)는 말이고, 결재決裁는 분별하여(재裁) 결정(결決)했다는 말이다.

決(결단할 결)   쾌夬는 깍지(그)같은 예리한 도구를 손(우又ᵇ³⁰)에 쥔 형태로 물건을 절단한다는 뜻. 둑을 잘라(夬) 물(수氵ᵇ⁸⁶)을 흐르게 하는 데서 절단·결정의 뜻을 갖는다. 예) 결의決意, 표결票決

濟(건널 제)   제齊(　)는 세 개의 비녀를 머리에 꽂아 가지런히 정돈한 모습. 어지러운 사태를 수습하여 성취·구제하는 뜻이 있다. 제濟는 강(수氵ᵇ⁸⁶)에 빠진 사람을 건네주어 구제한다는 뜻을 갖는다. 예) 경제經濟, 미제未濟

裁(마를 재)   재𢦏는 어떤 일을 시작할 때 창(과戈ᵇ⁶³)에 주술적인 장식(十)을 달아 정화하는 모습. 재裁는 처음으로(재𢦏) 옷감(의衣ᵇ¹⁴⁶)을 자르는 것을 말한다. 자르는 데서 '분별·판단'의 뜻이 있다. 예) 재가裁可, 재판裁判

고향으로 영원히 돌아가는 귀향, 일시적 방문은 귀성

코로나 바이러스 감염을 우려해서 명절 때 고향에 가는 것도 마음이 편치 않던 시절이 있었다. 오죽하면 "불효자는 '옵'니다."라는 펼침막까지 걸렸을까.

그런데도 여전히 많은 사람이 고향을 찾아간다. 이들을 보통 귀성객이라 부른다. 고향으로 돌아간다는 의미는 보통 귀향歸鄉이라고 하는데 귀성歸省과는 어떤 차이가 있을까?

이 차이를 이해하려면 귀성의 성省 자를 살펴볼 필요가 있다. 성省에는 1. 자세히 살피다, 2. 덜다, 3. 관청(이 있는 마을) 등의 뜻이 있다. 중국은 성省이 상위 행정구역으로서 한국의 도道에 해당한다.

그러니 귀성歸省은 자기 마을에 돌아가 부모님의 안부를 자세히 살핀다는 뜻이다. 귀향이 영구적으로 고향에 돌아가는 것을 포함한 뜻이라면, 귀성은 일시적으로 고향을 방문하여 부모님의 안부를 살피고 성묘省墓를 하는 의미다.

歸(돌아올 귀)

사自는 군대가 출격할 때 사당에 바치는 고기의 모습으로 수호신의 역할을 한다. 이를 가지고 전쟁에 나간다. 전쟁이 끝난 후 돌아와(지止부끄) 빗자루(추帚)로 정화한 사당에 그 고기自)를 바치고 보고하는 제사를 지낸다. 그 모습이 귀歸로, 본래 군대의 귀환을 의미했다. 예) 귀대歸隊, 복귀復歸

鄕(시골 향)

두 사람(卯)이 마주 앉자 푸짐한 식사(급皀)를 하는 모습이 卿(벼슬 경). 향연饗宴에 참여할 수 있는 사람이 경卿이고 그가 다스리는 지역이 향鄕. 경卿과 향鄕은 본래 같은 글자였다. 예) 향악鄕樂, 실향민失鄕民

省(살필 성·덜 생·성 성)

암행어사와 같은 왕의 특사는 눈(목目부110) 위에 문신(少)을 해서 주술적으로 보는 능력을 키운다. 그래서 각 성省을 돌아다니며 백성들의 사정을 잘 살피고(省. 살필 성) 관리들의 부정을 줄이는(省. 덜 생) 일을 했다. 예) 성찰省察, 생략省略, 호남성湖南省

기계체조에 기계는 없다

"기계체조를 할 때 보면, 톱니바퀴나 전기톱, 모터 따위는 안 보이던데 왜 기계체조라고 할까요?"

친구가 소셜미디어에 올린 글이다. 더 나아가 "맨손체조에 상대적인 용어를 붙이려고 그런 거 같은 데 한·중·일 모두 기계체조라 하는군요."라며 나름 그 유래를 설명했다. 그리고 미국에서는 "기구체조 gymnastics with apparatus"라고 하는데 이 말이 더 적당하다고 덧붙였다.

한·중·일 등 한자문화권에서 기계체조라고 하는 건 맞다. 그렇지만 여기서는 동력장치를 부착하고 작업하는 도구를 의미하는 기계機械가 아니라 단순한 기구 등을 의미하는 기계器械를 쓴다. 발음은 같지만 한자와 그 뜻은 다르다.

기계체조器械體操란 결국 철봉이나 뜀틀 등의 기구를 사용하는 체조다. 반면에 기구를 사용하지 않고 맨손으로 하는 체조는 도수체조徒手體操라 한다. 친구 말대로 기계체조의 기계器械는 동력장치를 사용하는 기계機械와 동음이어서 혼동할 우려가 있으니, 기구 혹은 도구 체조로 하는 것이 좋다.

아니면 한자를 같이 표기하면 보다 명확해지겠지만 문제는 한자를 모르는 경우가 많으니 그 효과가 의심된다. 원활한 국어생활을 위해서 필수적인 한자는 습득할 수 있도록 학교 교육이 개선되어야 한다. 그리고 혼란을 피하고 명확한 개념을 위해 필요한, 이를테면 기계체조와 같은 말에는 한자를 병기하는 것이 좋다. 친구는 내 설명을 듣고서는 수십 년 동안 가졌던 의문이 풀렸다고 고마워했다.

機(베틀 기)　창(수戍)에 실 장식(사絲)은 붙인 기幾는 왕이 암행어사 등에게 내리는 기구. 이를 가지고 기미幾微를 살피고 사람들을 기찰譏察한다. 이렇게 특수한 작용을 하는 틀을 기機라 한다. 특별한 일을 할 수 있는 상황을 만난 것이 기회機會. 예) 기계機械, 천기天機

器(그릇 기)　여러 개의 신줏단지(구口^{부31}←∪)를 만든 후, 개(견犬^{부95})를 희생제물로 바치고 정화한 모습이 기器. 예전에는 물건을 만들고 나서 짐승을 죽여 그 피로 물건을 정화했다. 이렇게 만들어진 그릇은 제기祭器 등으로 쓰였다. 제기라는 뜻에서 기구器具·기재器材의 뜻도 되고 기량器量과 같이 사람에 대해서도 쓴다. 예) 기물器物, 대기大器

械(형틀 계)　계戒는 음부音符로서 '경계하다, 삼가다'는 뜻을 가진다. 죄인을 옭아맨 나무(목木^{부76}) 형틀이 계械. 나중에 기계나 장치의 뜻도 갖게 된다. 계戒(　)는 두 손(공廾^{부50})으로 창(과戈^{부69})을 맞잡고 경계하는 모습. 예) 기계機械, 기계器械

169

마수는 마귀의 손, 마각은 말의 다리

"폭력 조직에 있던 그는 나에게 같이 일하자며 마수를 뻗쳤다."

여기서 마수라고 하면 마귀(魔)의 손(手), 곧 마수魔手를 의미한다. 사람을 범죄로 유인하는 음흉한 손이다.

그렇다면 "그들은 차츰 흉악한 마각을 드러내기 시작했다."에서 마각은 또한 악마(魔)의 다리(脚)일까? 그럴 것 같지만, 아니다.

마각에서는 달리는 말을 뜻하는 마馬 자를 쓴다. 말의 다리를 드러내는 것이 어떻게 악행을 드러낸 것일까? 그것은 예전의 연극에서 유래한다.

연극에서 말의 다리 역할을 하던 배우가 극 중에서 깜박하고 자신의 모습을 드러냈다. 여기서 감춰진 것이 드러났다는 뜻으로, 더 나가서 나쁜 짓이 드러났다는 부정적인 의미로 쓰이게 되었다.

이 이야기의 출전出典은 중국 원나라의 고전극인 『원곡진주조미元曲陳州糶米』이다. 중국에서는 「노출마각래露出馬脚來」라고 한다.

魔(마귀 마)　　　　범어 '마라(악귀)'의 음역어로서 만들어진 한자가 마魔.

麻(삼 마)는 사당(엄广^{엄广})에 삼 다발(패朮)을 걸어놓은 모습으로 제사나 장례 때 쓰인다. 또 麻는 진통 내지 환각 성분이 있다. 사람을 달콤하게(마麻) 유혹하는 귀신(귀鬼) 정도로 생각해도 좋다. 예) 복마전伏魔殿, 마술魔術

脚(다리 각)

却(물러날 각)은 재판(거去←법法)에서 진 자가 무릎 꿇은 모습(卩)으로 기각棄却의 뜻. 무릎을 포함한 다리 전체를 각脚이라 하고 또 상체를 떠받드는 기둥 모양도 가리킨다. 예) 교각橋脚, 각선미脚線美

매형, 자형, 매제, 매부

나는 누나가 셋이 있다. 차례대로 결혼했고 누나와 결혼한 남자를 '매형'이라 불렀다. 그중 둘째 매형은 경기도가 고향인데 자신의 매형을 자형이라 불렀다. 그래서 나는 매형은 전라도 사람이 쓰는 말이고, 자형은 경기도 사람이 쓰는 말인 줄 알았다.

그러다가 나중에 매형妹兄을 한자로 알게 되었다. 그래서 자매姉妹의 남편을 그냥 형兄으로 대접해서 부르는 것으로 지레짐작했다.

그런데 자형姉兄도 한자로 보니 손위 누이의 남편이라는 의미가 된다. 그렇다면 매형妹兄은 손아래 누이의 남편이 된다. 그러니까 나는 자형을 매형으로 부르는 실례를 오랫동안 범한 것이다.

누이의 남편이 형뻘도 있겠지만 연하도 있을진대 모두 형으로 부르는 것도 적당하지 않다. 여동생의 남편이면서 나보다 나이가 어린데 매형妹兄처럼 형이라 부르는 건 어색하다. 그럴 땐 매제妹弟라고 부른다. 이런 미묘한 서열관계를 고민하고 싶지 않으면 매부妹夫나 자부姉夫로 부르는 것도 좋은 방법이다.

姉(손위누이 자)　　　　시市는 시장에 세운 높은 표지의 모습. 옛날에는 시장에
　　　　　　　　　　감독관이 파견되어 부정행위를 단속했다. 시市에 '높다',
　　　　　　　　　　'감독관'의 뜻이 있어 자매 중에 그런 역할을 하는 사람을
　　　　　　　　　　자姉라 한다. 예) 자매姉妹,

妹(손아래누이 매)　　　미未에 미숙未熟이나 미성未成과 같이 '어리고 젊다'는 뜻
　　　　　　　　　　이 있다. 미未는 나무(木)의 가지와 잎(一)이 이제 뻗쳐나
　　　　　　　　　　가기 시작하는 모습. 그래서 어린 누이를 妹라 한다. 예)
　　　　　　　　　　의매義妹

무단횡단과 무단통치

일제는 을사늑약으로 조선을 강제 합병한 후 무단통치를 통해 우리 민족을 억누르고 수탈과 민족의식을 말살하려 했다. 그러나 1919년 3·1운동을 계기로 문화통치 방식을 채택한다.

무단통치는 한마디로 헌병과 경찰 등 무력을 앞세워 지배하는 것을 일컫는다. 법률과 관습보다는 무력으로 만사를 처리하거나 저항을 제압하는 통치방식이다.

무단武斷이란 무력武力, 곧 힘을 행사하여 일을 처리하는 것이다. 사전적인 의미는 무력으로 일을 처단處斷 혹은 처리하는 것이다.

그러면 일상에서 흔히 쓰는 무단결근 혹은 무단횡단 등에 쓰이는 무단도 같은 뜻일까? 무단武斷과 같이 무단결근, 무단횡단도 막무가내로 일을 처리하는 느낌이어서 언뜻 같은 말 같기도 하다.

그러나 무단결근에서 쓰는 무단無斷은 결단決斷이 없다는 의미다. 서로 합의하지 않고 일방적으로 일을 자행한 것을 일컫는다. 무단武斷은 물론 무단無斷을 포함한다. 일제는 조약으로 상호 합의로 합방했다고 하지만 주지하다시피 무단無斷과 무단武斷으로 합병한 것이다.

武(굳셀 무)   武는 창(과戈^{부65})을 들고 나가는 모습(지止^{부76})으로 보무
                       步武가 당당堂堂함을 의미한다. 지止는 발자취의 모습으
                       로 여기서는 '걷다'는 뜻을 갖는데 보步의 생략형이다. 예)
                       무예武藝, 상무尚武

無(없을 무)   무녀가 소매에 너울을 걸치고 춤(무舞) 추는 모습. 굿을 하
                       는 무녀가 춤을 추어 무아지경無我之境의 상태에 빠진 것
                       을 무無라 한다. 무아지경의 상태에서 빙의, 곧 신이 들린
                       다고 한다. 예) 무사無事, 허무虛無

斷(자를 단)   계𢇁는 베틀에 걸린 여러 줄의 실(사絲) 모습. 이를 도끼
                       (근斤^{부70})같은 칼날로 자른 모습이 단斷. 이로부터 단절斷
                       絶·단정斷定·단죄斷罪 등의 말이 생겼다. 비슷한 뜻을 가
                       진 절絶은 염색(색色^{부140}) 중인 실(멱 糸^{부121})이 약해서
                       끊어진 것을 말한다. 예) 횡단橫斷, 단발斷髮

부정사보다는 미정사

영어 문법에 부정사라는 비교적 중요한 품사가 있다. 처음 이 말을 들었을 때는 그야말로 부정적 否定的인 느낌이 들었다.

그러나 실은 부정사不定詞였다. 그 자체로는 품사를 정定할 수 없어, 실제 문장에서 쓰였을 때 비로소 명사, 형용사 혹은 부사 중에 품사를 정할 수 있는 것이다.

그렇다면 부정사보다는 미정사未定詞라는 말이 더 적당해 보인다. 부정不定이란 말이 부정否定과 혼동되기 때문이다.

부정으로 표기되는 한자어에는 부정不定, 부정否定, 부정不正, 부정不貞 등이 있다. 그중에서 부정不定과 부정否定은 특히 혼동하기 쉽다. 전자는 일정하게 정해지지(定) 않았음(不)을 의미한다. 후자는 아니라고(否) 단정(定)하는 것을 뜻한다.

전자는 '부정기不定期 노선', 후자는 '타인의 진술을 부정否定하다' 등과 같이 달리 쓰인다. 不와 否는 모두 '아닐 부'라 하지만 부否는 거부拒否나 부인否認의 의미가 강하다. 그리고 부정不正은 바르지 못한 행동, 부정不貞은 부인이 정조를 지키지 않은 것을 말한다.

不(아닐 부) 꽃받침이 늘어진 모습이 불不이지만 가차되어 부정의 뜻이 되었다. 씨방(一)까지 표현한 비丕는 胚(아이 밸 배)의 본래 글자. 예) 불안不安, 부당不當

否(아닐 부) 기도문이 담긴 신줏단지(ㅁ←ㅂ)에 부不 형태의 뚜껑을 덮어 이를 거부하고 방해하는 행위가 부否. 예) 낙부諾否

定(정할 정) 부←부와 정正의 조합. 정正은 정벌(정征)의 본래 글자이므로 정복전쟁이 끝난 후 사당(宀)에 돌아와 보고 의례를 행하는 모습. 전쟁이 끝나 안정安定된 상태를 말한다. 예) 규정規定, 정가定價

알루미늄이나 아연도 비금속

　주식에 관한 뉴스를 한번 보자. "업종별로는 전기 기계와 비금속 등이 상승세를 나타내고 있고 전날 강세를 보였던 보험 업종은 하락세로 돌아섰다."

　여기서 말하는 '비금속'을 금속이 아닌 것으로 생각하기 쉽다. 즉 '비금속非金屬'으로 생각한다. 사전을 보면 비금속은 '쇠붙이로써의 성질을 가지지 않은 물질'이라 정의한다. 플라스틱이나 천, 나무나 스티로폼이 해당한다. 그런데 아연이나 알루미늄 등은 금속인 것 같은데 비금속으로 분류된다. 왜 그럴까?

　그것은 비금속非金屬이 아니라 비금속卑金屬이기 때문이다. 비금속卑金屬은 귀금속貴金屬, 즉 금과 은처럼 귀한 금속에 비해 부식되기 쉬운 금속을 말한다.

　'비금속 광물'이라 하면 아연 따위를 가리키는 것으로 이해할 수 있다. 그러나 비금속 업종이라고 하면 플라스틱 업체인지 아연 업체인지 종잡을 수가 없다. 이런 혼란을 피하려면 귀금속貴金屬에 대립한 개념으로 천금속賤金屬이라고 부르는 게 좋지 않았을까.

산업화가 앞섰던 일본에서 '베이스 메탈base metal'을 번역한 비금속卑金屬을 한국에서도 별생각 없이 따라 쓴 것으로 추측된다. 외래어를 번역할 때는 정확한 개념 파악도 중요하지만 혼란이 일어나지 않도록 적당한 말을 선택하는 것도 중요하다.

卑(천할 비 🏺) 　　자루가 있는 비교적 작은 술잔 형태의 잔을 쥐고 있는 모습. 이보다 큰 형태의 술잔은 卓(높을 탁)이다. 잔이 작은 것을 낮은(비卑) 것으로, 큰 것을 높은(탁卓) 것으로 표현하고 있다. 예) 비열卑劣, 야비野卑

金부167(쇠 금 🏺) 　　거푸집, 즉 금형金型에 동괴銅塊를 넣은 모습. ヽ(점 주)가 동괴. 예) 금융金融, 황금黃金

屬(이을 속) 　　尾(꼬리 미 🏺)와 蜀(나라이름 촉 🏺)의 조합이다. 미尾는 암컷, 촉蜀은 수컷 짐승의 생식기를 주로 표현한 모습으로 암수 짐승이 서로 접한 모습. 예) 속국屬國, 부속附屬

부항은 뜨는 것, 부황은 누렇게 뜬 것

나도 50대가 훌쩍 넘어선지라 부항을 뜨는 친구들이 제법 많다. 배가 나온 사람도 배 위에 부항을 하면 지방을 제거할 수 있다고 한다. 부항기는 가격도 저렴한 편이다. 그런데 부항과 부황을 구별하지 못하고 쓰곤 한다. 인터넷에서 부황이라고 검색하니 부항을 가리키는 경우가 많았다.

부항附缸은 항아리(缸)를 살갗에 붙인다(附)는 말이고, 부황浮黃은 살가죽이 들떠서(浮) 누렇게(黃) 되는 병이다.

요즘은 굶어서 부황난 경우는 많지 않고, 오히려 과식해서 배가 나온 경우가 많다. 그럴 때 부항을 하면 된다.

부항을 붙인다는 말을 관용적으로 쓰는 데, 부항에는 이미 붙인다(附)는 뜻이 포함되어 있으니 이도 거추장스러운 표현이다.

浮(뜰 부)　　　물(수 氵 부86)에 빠진 아이(자子 부40)를 손(조 爫 부88)으로 건지는 데서 부浮는 물에 뜨다는 의미. 예) 부력浮力, 부표浮標

180

黃^{부201}(누를 황 **黄**)   몸에 걸치는 노란 패옥佩玉의 모습에서 누렇다는 뜻이 생 겼다. 예) 황토黃土, 주황朱黃

附(붙을 부)   부付는 물건을 손에 쥐고(촌寸^{부42}) 다른 사람(인人^{부9})에 게 주는 모습. 금줄(부阝^{부170})을 친 성소에서 둘 이상의 혼령을 한 곳에 모아 제사를 지내는 데서 '붙이다'는 뜻이 되었다. 예) 부속附屬, 부착附着

缸(항아리 항)   부缶^{부122}는 배가 불룩하고 목 좁은 아가리가 있는 질그릇 으로, 발음기호로 공工^{부49}을 더한 항缸은 항아리를 뜻한 다. 공工에 홍紅, 홍訌과 같이 홍의 소리가 있다. 예) 어항 魚缸, 주항酒缸

민둥산에서 하는 삼림욕은 효과가 없다

숲에는 피톤치드Phytoncide라는 살균력을 가진 독특한 방향芳香이 있다. 식물은 스스로를 보호하기 위해 항균 물질을 만들어 내보낸다. 사람들이 숲에 가서 걷거나 쉬면 피톤치드의 도움으로 면역기능이 강화된다.

이와 같은 치료 활동을 위해 숲에서 머무는 것을 산림욕 또는 삼림욕이라고 한다. 이 말은 본래 일본에서 1980년대 초반에, 온천욕·해수욕·일광욕 등을 본떠 고안되었다.

"숲의 향기에 빠져 심신을 단련하자."며 온천지 등에서 가질 수 있는 요양 효과를 삼림에서 얻자는 취지였다. 삼림욕을 통해 심신을 치료하는 것이 목적이다.

삼림욕을 한국과 중국이 도입하여 활용하고 있다. 다만 한국은 삼림욕을 산림욕이라고도 한다. 그러나 산림山林의 산山에는 나무가 없는 민둥산도 있다. 산림욕 혹은 삼림욕은 산이든 평지든 빽빽한 나무가 들어선 곳이어야 효과를 얻을 수 있다.

따라서 산림욕보다는 본래대로 삼림욕이라는 말을 쓰는 것이 적당하다. 피톤치드가 아니더라도 숲속의 푸르고 무성한 나무를 보거나, 졸졸 흐르는 시냇물과 새들의 지저귀는 소리를 듣는 것만으로도 사람들은 에너지를 얻는다. 그러니 숲에서 걷고 머무는 시간이 오랠수록 심신은 건강해진다.

山^{무47}(뫼 산 ᴧ)	산이 돌출한 모습. 화火^{무78}와 유사하여 밀密이나 유幽처럼 불의 모습을 나타내기도 한다. 예) 산하山河, 독산禿山
森(빽빽할 삼)	나무(목木^{무76}) 세 그루를 통해 나무가 빽빽이 들어찬 숲을 표현하고 있다. 예) 삼엄森嚴, 삼라만상森羅萬象
林(수풀 림)	나무(목木^{무76}) 두 그루를 통해 평지에 있는 숲을 나타낸다. 예) 임산林産

실제는 현실에 적용, 실재는 존재 그 자체

많은 이들이 '실제'와 '실재'를 혼용한다. 거의 같은 뜻이라 생각하기 때문이다.

'이론과 실제(실재)'라고 할 때 '실재'를 쓰는 경우는 많지 않다. 국어사전에서는 실제實際를 '있는 사실이나 현실 그대로의 또는 나타나거나 당하는 그대로의 상태나 형편', 실재實在를 '실제로 존재함'이라 설명한다. 실제는 실황實況, 실재는 존재存在로 보는 것이다. 이것만으로는 명확한 뜻을 알기 어렵다. 이를 구별하려면 際(사이 제)와 在(있을 재)의 차이를 먼저 알아야 한다.

실제에 쓰인 제際는 본래 금줄(阝)을 친 곳에서 제사(祭)를 지내는 모습이어서 '신과 인간의 사이' 혹은 '교제交際'라는 의미다. 그래서 제際는 둘 사이의 관계에 적용된다. 실제는 이론(혹은 관념)과 현실(혹은 사실) 사이에서, 이론을 현실에 비추어보거나 적용한다는 의미가 강하다. 다시 말해 실제라고 했을 때는 어떤 이론이나 관념을 전제한 것이다.

반면에 실재의 재在는 존재存在를 의미하며 가공架空이나 허구虛構

또는 상상과 같이 현실에 존재하지 않는 것과 대립하는 말이다. 존재存在에서 재在는 재才와 사土의 조합이다. 십자가와 같은 솟대(才)는 성스러운 구역임을 나타내는 표시, 사土는 성역을 지키는 도끼의 모습이다. 고대에는 신성한 표시를 통해 지배하는 공간의 의미가 재在였다. 지금은 특정한 시간과 공간에 위치를 점하는 것을 말한다.

實(열매 실)　사당(宀)에 재물 꾸러미(관貫)를 바치는 모습이 실實. '꿰다'는 뜻을 가진 관貫은 관田(串)과 패貝[부154]의 조합으로 관田(串)이 조개를 꿴 모습이다. 사당에 재물이 가득 찬 모습에서 '충실充實하다'는 뜻이 생기고 더욱이 성실誠實·실행實行의 뜻도 생김. 예) 실체實體, 착실着實

際(사이 제)　금줄(阝)을 친 성역에서 신에게 제사(祭)를 지내는 모습으로 신과 인간이 만나는 곳, 신과 인간의 '사이'를 말한다. 제祭는 제상(시示[부114]) 위에서 고기(육肉[부131])를 손(우又[부30])에 들고 바치는 모습. 예) 국제國際, 학제學際

在(있을 재)　才(재주 재 ∇)는 십자가와 같은 나무 교차점에 신줏단지를 매단 모습으로 솟대와 같이 성역임을 나타내는 표시. 여기에 성스러운 도끼(士 土)를 더한 재在는 신성한 공간에 있는 것을 나타낸다. 고대인들은 오염된 공간을 항상 정화하여 신성한 공간을 만들어 살려고 했다. 예) 존재存在, 재택근무在宅勤務

경찰서 같은 사법기관에 불려 가서 조사받는 것은 여간 불쾌한 일이 아니다. 그런데 경찰이 당사자를 조사하는 일이 신문訊問일까 아니면 심문審問일까? 국어사전을 봐도 명확히 구별하기 힘드니 신문 기자들마저도 혼용하여 쓴다.

신문과 심문의 차이를 알아보려면 신訊과 심審이라는 두 글자를 살펴봐야 한다.

신訊의 본래 자형은 구口[1] +윤允+멱糸[2]의 조합이다. 변발한 포로(윤允)를 밧줄(멱糸[2])로 묶고 신줏단지(구口)에 선서시킨 후 이실직고以實直告하게 하는 모습이다.

이후 신卂을 음부音部로 하여 訊(물을 신) 자를 만들었다. 신卂은 날아오르는 새의 모양으로 신속迅速에서와 같이 '빠르다, 지독하다'는 뜻이 있다. 그래서 신문訊問은 조사자가 대상자를 규율하면서 정보를 얻으려고 체계적인 질문을 하는 것을 일컫는다.

반면 심審은 사당(면宀[3])에서 희생물로 바치는 짐승의 족발(변釆)이 이상이 없는지 자세히 살피는 데서 '자세히 살피다'는 뜻이 된다.

그래서 심문은 대상자에게 통제를 가하지 않고 행하는 임의적인 질문을 가리킨다. 틀리게 쓰는 사례가 아주 많으므로 주의해야 한다.

訊(물을 신)
본래는 신줏단지를 앞에 둔 채 포로나 죄수의 손을 뒤로 묶고 진실을 캐묻는 모습. 나중에 형성문자로 신訊 자를 만들었다. 예) 신장訊杖, 심신審訊

審(살필 심)
番(차례 번)은 족발의 모습. 변釆이 발톱, 전田이 발바닥의 모습이다. 사당(면宀)에서 족발(번番)을 희생물로 바치며 하자가 없는지 자세히 보는 데서 '살피다'는 뜻이 되었다. 희생물은 가장 우량한 짐승을 골라 털, 뿔, 발굽 등을 자세히 살펴 하자가 없는 것을 골랐다. 예) 심의審議, 재심再審

염치 없는 사람이 얌체

코로나 바이러스가 세계적으로 창궐했지만 한국은 그동안 전 국민이 마스크를 착용하고 모임을 자제하는 등 거리 두기를 통해 다른 나라에 비해 환자가 적었다.

하지만 일부 사람들은 지하철 등 다중이용시설에서 마스크를 착용하지 않아 눈살을 찌푸리게 만들기도 했다. 또 해당 사항도 없으면서 임신부나 노약자 보호석에 앉는 사람도 종종 있다. 한마디로 얌체라고 한다. 자신의 의무는 행하지 않으면서 권리는 누구보다도 주장한다.

옛날 우리나라 사람들은 염치를 아는 것을 무척 중요시했다. 이를테면 남의 집에 가서 식사할 때, 밥을 다 비우면 염치가 없다고 했다. 밥을 남겨야 하인들도 먹을 수 있었으니 말이다. 가을이 되면 감도 얼마 정도 남겨 놓아 까치 같은 새들이 먹을 수 있도록 했다.

염치廉恥는 사전적으로 '마음이 맑아 부끄러움을 안다'는 뜻이다. 지금은 승자 독식이라고 해서 강자가 싹쓸이하는 세상이다. 그래서 약자들은 더욱 살기 힘들어졌다. 약자를 이해하고 염치를 알았던 조상의 삶이 그립다.

그런데 '염치'의 작은 말인 '얌치'가 변해서 사용되는 '얌체'는 염치가 없다는 의미로 쓰인다. 몰염치나 파렴치한 사람을 얌체라 부른다. 같은 말이지만 정반대의 의미로 쓰이고 있다.

破(깨뜨릴 파)　　돌(석石^{부113})의 껍질(피皮^{부108})을 벗겨내는 것이 파破. 예) 파괴破壞, 타파打破

廉(청렴할 렴)　　엄广^{부54}과 겸兼의 조합. 겸兼은 한 손(우又^{부30})에 두 개의 벼(력秝)를 잡은 모습으로 '겸하다'는 뜻이 있다. 한 번에 여러 일을 하는 데서 '검소하다'는 의미도 있음. 겸兼에 한쪽 벽이 없는 집 모습인 엄广을 더한 廉은 검소하고 청렴하다는 의미. 예) 염가廉價, 청렴淸廉

恥(부끄러울 치)　　무엇인가 부끄러움 마음(심心^{부62})이 들면 우선 귀(이耳^{부129})에 나타난다고 한다. 그래서 치恥는 '부끄럽다'는 의미. 예) 치욕恥辱, 수치羞恥

예능을 펼쳐 보이는 연예인

연예演藝와 연애戀愛는 한자로 보면 그 뜻을 혼동할 이유가 없다. 전자는 예능藝能을 펼쳐 보이는 것, 후자는 연인 간의 사랑을 뜻한다.

그러나 한자를 제대로 배우지 못하면 그 개념을 이해하지 못하고 혼란스러워하는 경우가 있다. 더구나 채팅 등 가볍고 빠른 의사소통을 중시하여 소리 나는 대로 글을 적다 보면 더 그렇다.

또 대중매체에서 자동으로 자막을 달아주면서 연예인을 '연애인'으로 잘못 표기하는 일도 생긴다. 어쩌면 연예인의 연애가 자주 보도되면서 연예인을 연애하는 사람으로 착각할 수도 있다.

기예技藝를 펼친다는 점에서 연기演技와 연예演藝는 거의 같은 말이다. 그러나 한국에서 전자는 드라마에 출연하는 배우의 활동, 후자는 드라마는 물론 음악, 무용, 쇼 등 대중적인 예능을 펼치는 모든 일을 지칭한다.

演(펼 연)　　인寅(𡗜)은 화살대(시矢部113)를 두 손(국臼)으로 잡아 휜 부분을 펴는 모습. 물길을 똑바로 펴서(인寅) 물(수氵部86)이 멀리 가는 것이 연演 본래의 뜻. 예) 연극演劇, 공연公演

技(재주 기)   지支는 작은 가지(十)를 손(우又^{부3획})에 쥔 모습이어서 도구를 가지고 일을 한다는 뜻이 있다. 지支에 손(才←수手^{부6획})을 더해 손재주가 있음을 나타낸 글자가 기技. 예) 기술技術, 특기特技

戀(사모할 연)   신 앞에서 사랑의 언약(언言^{부15획})을 하고 실(사絲)로 묶어 변치 않음을 마음(심心^{부6획})으로 다짐하는 모습. 예) 연정戀情, 연가戀歌

愛(사랑 애)   애旡와 치夊^{부3획}의 조합. 애旡는 뒤를 돌아(기旡) 마음(심心^{부4획})을 쓰는 모습으로 사모하는 마음을 나타낸다. 예) 애민愛民, 총애寵愛

　지하철이나 주차장에는 임신부 혹은 임산부 전용이라 쓰인 자리가 있다. 임신부姙娠婦는 말할 것도 없이 아이를 밴 부인을 말한다. 그렇지만 임산부姙産婦는 임부와 산부가 결합한 말이다. 임부는 임신한 부인이지만 산부는 분만 중인 부인을 말한다. 또는 분만한 지 얼마 안 된 부인을 일컬을 수도 있다.

　분만 중이거나 분만이 막 끝난 부인이 지하철을 타거나 자동차를 운전할 수는 없다. 그래서 임산부 전용이라는 말은 적절하지 않다.

　임신부도 임姙과 신娠이 겹치므로 임부姙婦라고만 표현해도 된다. 말은 간결할수록 좋고 길어지면 잉크와 종이 등 자원도 낭비된다.

　그리고 부인婦人은 결혼한 여성을 의미한다. 따라서 임신부나 임부는 미혼모를 차별하는 말이다. 이를 피하려면 임부나 임신부 대신에 임녀나 임신녀라 쓰는 것이 마땅하다.

　산부인과 병원도 산과와 부인과를 합한 말인데 모두 문제가 있다. 임신과 분만을 같은 진료대상으로 하는 데 산과라고 쓴 점, 결혼한 여성만 진료하는 것이 아닌데도 부인과라고 한 점이 문제다. 그래서 요즘은 여성의학과라고 하는데 여러 의미에서 바른 표현이다.

妊(아이 밸 임)
임王은 대장간에서 쓰는 모루(공工⁴⁰) 중간 부분이 부푼 모습. 무거운 일을 견뎌내는 것이 任(맡길 임)이므로 녀女를 더하여 妊이 되었다. 임妊도 같은 뜻. 예) 회임懷妊, 피임避妊

娠(아이 밸 신)
신辰¹⁶¹은 무명조개(신蜃)가 발을 내밀고 움직이는 모습. 조개가 조갯살을 품고 움직이는 모습이 임신한 여인을 연상케 한다. 같은 발음인 신身¹⁵⁸도 임신한 여인의 모습이다. 예) 신모娠母

孕(아이 밸 잉 ⊕)
태아(자子⁴⁰)를 배 안에 품고 있는 여인(乃)의 모습. 예) 잉태孕胎

産(낳을 산)
아이가 태어나(생生¹⁰¹) 이마(엄厂)에 문신(문文⁶⁸)을 한 모습. 고대에는 태어난 아이에게 사악한 기운이 접하지 못하도록 이마에 문신을 했다. 예) 출산出産, 산업産業

婦(부인 부)
빗자루(추帚)를 들고 소제掃除하는 여인(여女³⁹)의 모습. 단순한 청소가 아니라 제사를 치르기 전에 사당을 정화하는 모습으로 종부宗婦가 그 일을 맡았다. 예) 부부夫婦, 부덕婦德

6

역사가 담긴 말

협의에 의해 통치하는 공화제

공화共和란 본래 협의를 통한 정치를 말한다. 말 그대로 함께(공共) 화합和合하여 정치를 이끈다는 의미다. 군주의 일방적인 통치에 대립한다.

중국 주나라 시절, 여왕厲王이 백성의 저항으로 체彘라는 곳으로 도망간다. 그래서 소공召公과 주공周公, 두 재상이 정치를 함께 행했는데 이를 공화共和라 불렀다고 『사기』의 「주기」 편에 나온다.

이를 일본인이 영어 리퍼블릭Republic(民主政; 대중Public에 기초한)의 번역어로 공화共和를 사용했다. 서양에서 왕권을 몰아내고 의회에서 협의로 나라를 운영하는 것을 보고 Republic(민주정)을 공화로 번역한 것으로 추정된다.

엄밀하게 말하자면 공화제란 협의協議에 의해 통치한다는 것이지 민주주의를 말하는 것은 아니다. 주나라 시대의 공화제는 귀족 중심의 봉건제였다. 그러므로 우리 헌법에 명시된 민주공화국이라고 해야, 민주적으로 선발된 대표들(국회의원)이 서로 협의하여 정치를 실현한다는 의미가 된다.

협의보다는 날치기와 몸싸움을 주로 하는 한국 국회의원들은 공화라는 의미를 다시 새겨보길 바란다.

共(함께 공 [부수56])	두 손(공廾[부수56])을 함께 들어 의례용 그릇(廿)을 공손恭遜하게 받든 모습. 예) 공동共同, 공산주의共産主義
和(화할 화)	여기서 화禾[부수115]는 곡식이 아니라 군대가 주둔할 때 세우는 문의 모습. 문(화禾)에서 신줏단지(구口[부수31]←∪)를 두고 싸웠던 군대들이 강화講和조약을 맺은 데서 화합和合과 평화平和를 의미한다. 예) 조화調和, 화친和親

가락국 동쪽을 흐르는 강, 낙동강

한국전쟁 때 인민군과 국군은 낙동강 방어진을 사이에 두고 치열한 전투를 치렀다. 이때 국군 제1사단 12연대의 한 중대 앞에 인민군 1개 대대가 강을 건너려고 시도하자 유엔 항공기에서 네이팜탄을 퍼붓는데 중대장이 "낙동강에 오리알이 떨어진다."라고 소리쳤다. 네이팜탄을 오리알로 표현한 것이다.

인민군은 오리알(?) 공격으로 고립되고 타격을 받는다. 그래서 '낙동강 오리알'은 무리에서 떨어져 처량하게 남은 신세를 비유하게 되었다. 그래서인지 낙동강은 무엇인가 떨어진 느낌의 '낙落'이 아닐까 하는 생각도 들었다.

낙동강洛東江은 낙洛의 동쪽(東)을 흐르는 강江을 일컫는다. 낙洛은 본래 중국 낙양洛陽 지역의 남쪽을 흐르는 낙수洛水를 일컫는 말이다. 그러나 낙동강에서 낙洛은 김수로왕이 세운 가락국駕洛國을 말한다.

가락국은 금관가야를 맹주로 하는 여섯 가야 연맹체를 말한다. 가야의 고분과 그 유물들을 살펴보면, 발전된 철기문명을 기반으로 화려한 문화를 꽃피었음을 알 수 있다.

낙동강은 가락국의 동쪽을 흐른다. 가락국은 낙동강 하류의 서쪽에 자리 잡은 고대 연합 국가였다. 이렇듯 우리가 흔히 부르는 산천의 이름에도 역사와 정보가 숨어 있다.

洛(물 이름 락 㴩)	각洛은 신줏단지(구口←∪)의 기도에 따라 신이 홀로 내려오는(치夂) 모습. 그렇지만 락洛에서는 락烙·락絡과 같이 각洛이 발음 역할을 한다. 본래는 중국의 낙수洛水를 가리킨다. 가락駕洛의 수로왕이 구지가와 같이 백성들의 기도로 낙동강洛東江에 내려온(각洛) 이야기를 연상해도 좋다. 예) 낙양洛陽
東(동녘 동 ✿)	물건을 넣는 자루의 모습인데 동쪽의 뜻으로 가차되어 쓰였다. 예) 동이東夷, 해 동성국海東盛國
江(강 강)	공工은 대장간에 쓰는 쇠를 때릴 때 쓰는 모루의 모습. 모루의 바닥처럼 완만하게 흐르는 물(수氵)이 강江. 본래 강江은 양쯔강, 하河는 황하를 일컬었다. 예) 강남江南, 강변江邊

199

로마에서 유래한 낭만적인 삶

'남자의 로망'이라고 하면 고급 자동차나 시계 등이 떠오른다. 여기서 '로망'은 꿈, 동경 그리고 이상 등을 가리키는 듯하다.

로맨스는 달콤한 연애를 뜻하기도 한다. 너무 현실적이고 이성적인 사람을 보면 '낭만'이 없다고도 한다. 재미없고 감성적이지 않다는 뜻이다.

여기 나오는 '로망', '로맨스', '낭만'은 비슷한 말 같기도 하고 다른 것 같기도 하다. 그렇지만 모두 이탈리아의 '로마'와 관련 있다. 로망은 프랑스어 'roman'에서, 로맨스는 영어 'romance'에서 온 외래어다.

로망을 일본의 유명한 작가인 나츠메 소세키夏目漱石가 한자로 음역音譯한 말이 '낭만浪漫'이다. 일본어로는 '로망'으로 발음되기 때문이다.

이 한자어를 한국에서는 낭만으로 읽기 때문에 로마를 가리키는지 쉽게 알 수 없다. 이런 내막을 알지 못하고 이를 한자 의미대로 낭浪을 방랑放浪, 만漫을 만유漫遊의 의미로 해석했던 것 같다. 낭浪과 만漫 각각 '마음대로 떠돌다'는 뜻이 있다.

낭만이란 현실에 메이지 않고 감상感想(마음속에서 일어나는 느낌이나 생각)적이고 이상적으로 사는 것이라 그렇게 생각할 수 있었다. 그러나 실제로 이 말은 중세 유럽의 문어文語였던 고전 라틴어에 비하여 구어口語로 사용된 세속적인 라틴어, 즉 로마의 언어를 일컫는 것이다.

라틴어가 종교와 학술 등을 문어체로 다룬 것에 비해 로마어는 일상적인 언어로 공상, 모험, 기이한 이야기 그리고 연애 이야기 등을 할 때 구어체로 쓰였다. 이런 배경을 알아야 낭만, 로망 혹은 로맨스가 왜 현실을 벗어난 이상이나 연애를 뜻하는지 이해할 수 있다.

浪(물결 랑)

양良(🦵)은 풍상風箱으로 곡식에서 쭉정이나 먼지를 걸러내는 모습. 풍상은 엎치락뒤치락 세차게 움직여 기능하므로 양良에는 어지럽다는 뜻이 있다. 따라서 낭浪에는 물결이 강하게 요동친다는 풍랑風浪의 뜻도 있다. 예) 낭인浪人, 유랑流浪

漫(넘쳐흐를 만)

曼(끌 만)은 눈(목目^{부109}) 위에 두른 두건(모冃)을 손(우又^{부30})으로 당겨 훤칠하고 아름다운 눈매가 드러나는 모습. 물(수氵^{부86})이 넓게 흐르는 모습이 만漫. 예) 만연漫然, 산만散漫

당나라를 통해 전해진 무, 당근

언제부터인가 '당근이지'가 '당연하지'라는 말로 쓰이고 있다. 당연이라는 말에 좀 더 힘을 준 느낌이다.

당근은 근根을 통해 뿌리채소임을 알 수 있다. 그런데 당은 무슨 뜻일까? 얼핏 단맛이 난다는 생각도 든다. 그러나 당근唐根의 당唐은 당나라를 통해서 전해진 무라는 의미다.

달다는 의미는 당唐에 미米루120를 첨가한 당糖으로, 곡물(미米루120)로 만든 엿기름이나 조청 따위를 일컫는다. 그 붉은 색깔을 더하여 홍당무라고도 한다. 이렇듯 당唐이 들어간 말은 당나라와 관련된 경우가 많으니 삼국시대 혹은 통일신라시대에 전래되었다고 보면 틀림없다.

당시 중국 제품은 크고 좋은 것으로 여겨졌다. 당나귀는 중국에서 들여온 귀가 토끼처럼 긴 나귀, 당면唐麵은 중국 사람들이 즐겨 먹는, 감자녹말로 만든 국수를 일컫는다. 또 충남 당진唐津은 예전에 당나라로 가는 나루였다.

唐(나라이름 당)

경庚(⊼)은 절굿공이(오午)를 양손(국타)에 쥐고 있는 모습. 그 앞에 신줏단지(구口^{부31} ← ∪)를 앞에 두고 기도하는 모습이 당唐. 옛적에는 절굿공이를 앞에 두고 저주 따위를 비는 관습이 있었는데 어御(彳)도 그렇다. 그 기도가 외부 사람이 보기에 가당치 않아서 황당荒唐의 의미가 있다. 나중에 나라이름으로 쓰였다. 예)당돌唐突, 당악唐樂

根(뿌리 근)

간艮^{부138}은 성소聖所 입구에 걸린 매서운 눈(목目^{부110}) 때문에 더 이상 들어가지 못하고 멈춰선 사람(비比^{부72})의 모습. 나무(목木^{부76})가 한군데서 멈춰(간艮) 살 수 있도록 하는 것이 근根. 예)근본根本, 어근語根

동쪽 바닷가에 접해있는 동이 민족

우리 민족을 동이東夷라 부른다. 흔히 이夷자를 풀어 대궁大弓, 즉 큰 활을 가진 자의 모습이라 한다. 그래서 고구려를 세운 동명성왕東明聖 王 주몽朱蒙이 활을 잘 쏜 것을 예로 들어, 우리 민족은 활을 잘 다룬 민족 즉 夷라고 불렀다는 설명이 정설이었다.

그러나 이夷의 오래된 자형(갑골이나 금문)을 보면 시尸 자와 같이 허 리를 구부리고 앉은 모습이다. 『북사北史』「고구려高句麗」에 나오는, "다리를 쭈그리고 앉기를 좋아하는(호준거好蹲踞)" 사람들이었다.

현재 쓰이는 이夷 자의 모양도 화살(大)에 줄(弓)을 매단 줄 화살의 모습이지 사람이 활을 잡고 있는 모습은 아니다. 이夷는 갑골문자에서 시尸 자로 쓰였으며 동이東夷의 앉은 모습을 나타낸다.

또 동이를 동쪽의 오랑캐라고도 한다. 그렇지만 이 말만 가지고는 동이의 민족적, 문화적 특성을 설명하기 어렵다.

동이의 본질은 바닷가에 접한 민족의 특징을 가지고 있다. 연해沿海 민족은 내륙 민족과 다른 문화적 특징을 갖는다. 태양신을 숭배하고 바다에서 나는 도구를 활용한다. 조개를 화폐나 주술 도구로 쓰고 거북이 배딱지를 가지고 점을 친다. 그 점을 친 기록이 한자의 기원인 갑골문자이고 제천의식은 중국의 예악 문화로 발전한다. 동이의 한 갈래인 상족商族이 산둥반도에서 서쪽으로 진출하여 세운 나라가 상商나라다. 이 사람들이 갑골문을 만들고 하늘과 조상에 제사 지내는 의례를 발전시켰다.

결론적으로 동이를 동쪽의 오랑캐나 활을 잘 쏘는 민족으로 이해해서는 곤란하다. 한반도를 위시한 일본, 산둥반도 등에 살던 연해 민족이며 중화中華의 핵심인 한자와 예악 문화를 일군 민족으로 기억되어야 한다.

東(동녘 동 ✦)	자루의 모습이나 동쪽 방위로 쓰였다. 나무(木) 위로 해(日)가 떠오르는 모습이라 동쪽을 나타낸다는 이야기도 있지만 본래는 자루의 모습. 예) 동양東洋, 낙동강洛東江
夷(오랑캐 이 ✦)	처음 글자는 시尸(ᄀ)로 사람이 허리를 굽히고 앉은 모습. 이夷는 화살에 주살을 더한 모습으로 평온하다는 의미로도 쓴다. 예) 구이九夷, 양이攘夷

혼자서는 장군이 될 수 없다, 독불장군

'독고다이'는 모든 일을 혼자 결정하고 처리하는 고집스러운 사람을 속되게 일컫는 말이다. 그래서인지 독고다이는 독고獨孤와 관련이 있으리라는 느낌이다. 그런데 의외로 이 말은 특공대特攻隊의 일본어 발음이다. '홀로' 혹은 '외롭다'는 뜻의 독고獨孤와는 전혀 상관없다.

태평양 전쟁을 일으킨 일제는 말기가 되자 연합군에 밀리기 시작한다. 그래서 연습용 전투기 따위에 포탄을 가득 싣고 신참 조종사가 연합군의 항공모함으로 돌진하는 자살특공대, 일명 가미카제 특공대를 조직한다. 그들은 홀로 비행기에 올라 앞뒤 가리지 않고 오로지 연합군의 항공모함을 향해 돌진하면서 지금과 같은 의미가 생겼다.

이와 비슷한 뜻으로 쓰이는 말로 독불장군이 있다. 독불장군獨不將軍은 무슨 장군을 뜻하는 것 같지만, 사실은 "혼자서는 장군이 될 수 없다."는 뜻이다.

지금 이해하는 것처럼, 참모의 말을 듣지 않고 독단적으로 결정하는 장수를 의미하는 것은 아니었다. 본래 취지는 혼자서는 장수가 될 수 없으니 다른 사람과 협력해야 한다는 의미를 갖는다. 두 말 모두 본래

의 뜻과는 차이가 있지만 결국 고집불통을 의미한다.

獨(홀로 독) 촉蜀( )은 성기(虫)를 드러낸 수컷 짐승의 모습. 수컷은 짐승(견 犭 부95)의 무리에서 홀로 다니는 경우가 많으므로 獨은 '홀로'의 의미가 된다. 예) 독학獨學, 고독孤獨

孤(외로울 고) 과瓜( )는 오이가 줄기에 매달린 모습. 오이가 연달아 있으면 실하지 못하므로 솎아낸다. 그렇게 해서 홀로 남은 오이를 아이(자子부40)에 비유하여 孤를 만들었다. 예) 고립 孤立, 고독孤獨

特(특별할 특) 사寺( )는 발(지止부78)을 손(촌寸부42)에 쥔 모습. 발을 씻겨 섬기는 모습이다. 소(우牛부90)를 대접待接하는 데서 特은 특별하다는 의미가 있다. 예) 특별特別, 독특獨特

攻(칠 공) 공工부48은 대장간에서 쇠를 두드릴 때 쓰는 받침대인 모루의 모습. 이 모루를 치는(복攵부66) 모습이 攻. 예) 전공專攻, 공격攻擊

隊(떼 대) 수㒸는 양쪽 귀(八)가 늘어진 짐승(시豕부152)의 모습으로 희생으로 쓰인다. 금줄(부阝부170)을 치고 희생(수㒸)을 떼 지어 나열한 모습이 隊. 예) 대오隊伍, 악대樂隊

전쟁에서도 예도를 지킨다, 무데뽀

무데뽀라는 말은 일본식 한자어에서 유래한다. 보통 무뎁뽀無鐵砲로 표기하는 데, 이는 무뗌뽀無点法나 무떼호無手法가 와전되었다는 설도 있다. 어쨌든 그 뜻은 전후 사정 고려하지 않고 일을 밀어붙이는 것이다. 이 말이 철포鐵砲, 즉 조총鳥銃 없이 싸운 데서 유래했다는 설은 일본의 전국시대로 거슬러 올라간다.

무데뽀가 무철포無鐵砲, 즉 철포 없이 전쟁에 나간다는 말이었기 때문이다. 이 말로만 보면 정말 대책 없어 보이는 데, 실은 그렇지 않았다. 일본 전국시대에 오다 노부나가織田信長와 다케다 신켄武田信玄은 라이벌이었다. 오다 노부나가를 이은 도요토미 히데요시豊臣秀吉는 임진왜란을 일으킨 장본인이고 노부나가와 싸운 사람이 다케다 신켄이었다. 그런데 오다 노부나가는 서양의 철포, 즉 조총을 받아들여 싸웠지만, 무적의 기마 군단을 이끈 다케다 신켄은 전통 방식인 칼과 활로 싸우기를 고집했다. 그는 철포를 멀리서 상대를 쏘아 죽이는 비겁한 무기로 여겼으며 무사의 정신을 해치는 흉물로 받아들인 것이다. 그렇게 철포 없이 전통적인 무기로 싸우다 패배한 데서 무데뽀라는 말이 유래한다.

무데뽀는 무기도 없이 무모하게 전쟁에 나간다는 의미보다 전쟁에서도 예도禮度를 지킨다는 것으로 받아들여져야 한다. 송나라 양공이 적의 군대가 강을 건너기 전까지 공격하지 말라고 한 송양지인宋襄之仁의 고사처럼, 신켄은 전쟁에서 도를 지키려 했다. 결국 서양의 철포로 무장한 노부나가가 승리하고 그를 이은 히데요시가 조선을 침략한다.

만약 서양의 철포가 일본에 유입되지 않았다면 어찌 되었을까? 앞서 이야기한 송나라는 동이족 국가인 상나라의 유민遺民들이 만든 국가다. 동이족 혹은 동양 사람들은 이처럼 전쟁에서도 인仁과 도道를 실현하려 했다. 무데뽀에는 단순한 막무가내가 아니라 동양의 정신이 숨어있다.

無(없을 무) 무녀가 소매에 너울을 걸치고 춤(무舞)을 추는 모습. 굿을 하는 무녀가 춤을 추어 무아지경無我之境의 상태에 빠진 것을 無라 한다. 무아지경의 상태에서 빙의, 곧 신이 들린다고 한다. 예) 무사無事, 허무虛無

鐵(쇠 철) 질戠에 '검다'는 뜻이 있어 검은 쇠(금金무167)를 철鐵, 검붉은 말(마馬무187)을 철驖이라 한다. 예) 철갑鐵甲, 제철製鐵

砲(대포 포) '싸다'는 뜻의 포包( )는 부인(포勹)이 아이(사巳)를 밴 모습. 돌(석石무113)이나 탄약을 싸서(포包) 쏘는 것이 포砲. 예) 발포發砲, 포대砲臺

한국에는 봉건제도가 없었다

조선시대를 봉건사회라 말하는 경우가 있다. 이를 근거로 지위나 나이를 이용하여 권위적 행동을 하는 사람을 '봉건적'이라 비난한다.

그러나 조선은 왕이 제후에게 토지를 분봉分封하는 봉건사회가 아니었다. 오히려 직접 관리를 파견하여 다스리는 군현제 사회였다. 봉건제는 세계적으로 중국의 주나라 시대, 일본의 전국시대 그리고 서양의 중세시대에 있었을 뿐 한국에는 없었다.

조선을 봉건제로 본 것은 일제강점기 마르크스주의 경제학자들이 서양의 역사 단계를 조선에 적용하며 생긴 오해다. 또 봉건제를 매우 전제적專制的인 체제로 이해하는데 실상은 다르다. 중국 봉건제의 경우 천자天子가 토지를 분봉하여 제후에게 나누어주면 제후는 거의 완전한 지방자치제의 장이 된다. 다만 토지 분봉에 대해 군역과 공납을 부담한다.

천자와 제후의 관계는 절대명령과 복종의 관계였다고 생각하지만, 실제로는 제후들이 빈번하게 반란을 일으켰다. 춘추전국시대는 물론이고 그 이전에도 제후의 저항은 끊이지 않았다. 전국시대를 종식하고 중국을 통일했던 진시황은 이런 사정을 잘 알고 지방 자치적인 요소가 강한 봉건제를 폐지하고 전제적인 군현제도를 실시했다.

따라서 조선이 봉건사회라던가 전제적인 지도자를 봉건적 지도자라고 하는 것은 다시 살펴봐야 한다.

封(봉할 봉 𡴆)　　봉丰, 토土[부33], 촌寸[부4]의 조합. 제후를 봉할 때 토지신(土)이 있는 사당에 나무(丰)를 심고 흙으로 봉했다. 그 의례에 따라 제후가 봉해지는 것을 봉건이라 한다. 예) 봉투封套, 개봉開封

建(세울 건)　　율聿[부130]은 붓의 모습으로 여기서는 먹줄을 나타낸다. 먹줄을 가지고 담장 내(인廴[부55])의 궁정宮廷 등을 건설하는 모습을 나타낸다. 예) 건축建築, 창건創建

사해동포주의는 제국주의적 사고

"인종이나 종교, 국가 등을 초월하여 인류 전체가 가족처럼 서로 사랑해야 한다는 주의."『고려대한국어대사전』에서 사해동포주의를 이렇게 정의한다. 아마 많은 사람이 동의하겠지만, 실은 큰 착각이다. 산업화 시대의 표어 '근로자를 가족처럼'과 같은 기만적인 말이다. 그때 황폐한 농촌에서 올라온 어린 청소년들을 가족처럼 초과근무를 시키고 형편없는 임금을 주었다. 가끔 떼먹기도 했다.

"사방의 오랑캐"라는 말이 있다. 동이東夷, 서융西戎, 남만南蠻, 북적北狄. 잘못된 중화주의에 따르면, 중원은 찬란한 문화를 꽃핀 개명한 곳이며 사방은 미개한 야만인이 사는 곳이다. 사해四海에서 해海는 바다가 아니다. 중국에서 볼 때 북쪽에 바다가 어디 있는가? 해海는 회晦(어둘 회)와 같다. 잘못된 중화주의 때문으로, 중원을 둘러싼 사방의 변경 지역이 어두운 바다와 같다는 말이다. 그러니까 사해동포주의는 미개한 야만인을 포섭하겠다는 제국주의적 사고를 바탕으로 한다. 중국의 소수민족 문제와 동북공정 등이 이와 연결되어 있다. 앞서 잘못된 중화주의라고 했다. 그러면 좋은 중화주의는 무엇인가?

중화는 지역적 개념이 아니라 인문이 발양된 문화적 공간의 개념이다. 조선의 소중화小中華 사상이 이에 해당한다. 대륙의 중원이 원과 청나라에 의해 무력으로 점령당한 후에 중화, 곧 인문을 기반으로 정치를 편 곳은 반도의 조선이었다. 조선은 다른 나라를 침략한 적이 거의 없으며 성리학을 기반으로 한 이상 국가를 건설하려 했다. 무력에 기반한 중화란 없다. 진정한 중화란 사해동포주의가 아니라, 사방의 모든 민족이 각자 자신의 전통을 지키고 문화를 꽃피우도록 존중하고 협력하는 것이다.

四(녁 사)
숫자 '넷'을 가리키는 사四의 본래 글자(亖)는 삼三 자처럼 가로획을 네 개 겹친 모습이었다. 나중에 '숨쉬다'는 뜻을 가진 희呬의 오른쪽 부분을 빌려서 '넷'을 표시했다. 예) 사서四書, 사방四方

海(바다 해)
매每( )는 제사를 치르려고 머리에 비녀 장식(人)을 한 부인(母)의 모습. 머리에 장식해서 위를 덮기 때문에 아래가 어둡게 된 것이 晦(어두울 회)이며, 海 역시 어두운 바다를 가리켰다. 예) 북해北海, 해리海里

同(같을 동)
술잔(명皿부100 ←凡)앞에 신줏단지(구口부31←∪)를 두고 회동會同하는 모습. 같이 모여 술을 마시고 신에게 기도하고 맹세하는 회동의 의례가 동同. 예) 동맹同盟, 동기同期

胞(태보 포)
포胞는 임신부(포勹부20)가 아이(사巳)를 배고 있는 모습으로 아이를 감싸는 살(월月부75←육肉부131)을 포胞라 한다. 예) 세포細胞, 수포水泡

상인은 상나라 사람

지금 상인이라 하면 누구나 장사하는 사람이라 생각한다. 그런데 동양 고대사를 공부한 사람이라면 상인商人을 상商나라 사람으로 생각할 수도 있다.

상商은 은殷으로도 불린 동아시아의 고대 왕조다. 그리고 우리 민족과 같은 계열인 동이 민족이 중원에 세운 국가다. 상商에서 점을 친 기록이 모여 한자의 원형인 갑골문자가 되었다. 그런데 어떻게 상나라 사람들을 가리킨 상인이 장사하는 사람을 의미하게 되었을까?

상나라는 은주혁명殷周革命이라 하는, 제후국 주周나라의 쿠데타로 멸망한다. 기원전 1027년 무렵이다. 주周는 서방에서 성장한 무력 국가였다.

이들은 멸망한 옛 상나라의 유민들을 일정한 땅에 모아 감시했는데, 그 나라가 송宋나라다. 많은 고사성어(수주대토, 조장, 미생지신 등)에서 송인宋人은 바보로 취급되기도 한다. 그러나 공자, 노자, 장자, 묵자 등 제자백가의 중추적 사상가들이 모두 송나라 출신이거나 송나라와 관련을 맺고 있다.

그리고 정鄭나라 등 다른 지역의 옛 상인商人들에게 정치 참여를 하지 않는 조건으로 상행위의 자유를 보장한다. 이전 왕조의 유민인 상인들이 생업을 위해 장사에 대거 나서면서 장사하는 사람을 뜻하게 되었다고 한다.

한편 상商은 어떤 일에 대한 보상報償으로 주어지는 상賞과 소리가 같다. 그래서 상賞(상줄 상)과 상償(갚을 상)이 통하면서 대가를 주고받는 행위를 또한 상商이라고 했다.

두 가지 설명 모두 기억할만하다. 특히 상의 유민인 상인商人에 관한 이야기는 우리 민족과도 관련이 있다. 상인이었던 기자箕子가 조선으로 와서 왕이 되었다는 이야기가 있어서다.

商(헤아릴 상·장사 상) 啇 고인돌과 같은 좌대(立) 위에 문신용 침(신후[주153])을 두고 신에게 기도 (구口[주31] ←ㅂ)하는 모습. 신의 뜻을 '헤아리다'가 본뜻이며 장사의 의미는 나중에 생김. 예) 상품商品, 행상行商

賞(상줄 상) 상尙(높일 상)과 패貝[주154]의 조합. 尙은 신령을 맞이하는 창가(凹)에서 신줏단지(구口[주31] ←ㅂ)를 두고 기도하자 신기(八)가 나타난 모습. 공을 세워 숭상崇尙할 사람에게 주는 패물(貝)이 상賞. 예) 수상授賞, 포상褒賞

군대 같지 않은 군대, 어영부영

일을 어영부영한다고 하면 대충 시간이나 때우며 게으름을 피우는 것을 말한다. 그런데 어영부영은 왕의 호위 부대와 같은 어영군御營軍은 영營이 아니라는 말로, 군대 같지 않은 군대를 가리킨다. 어떻게 이런 말이 나왔는지 연원을 살펴보자.

어영군御營軍은 조선시대 반정으로 집권한 인조가 북벌을 목표로 세운 특수부대였다. 이후 확대되어 왕의 친위부대로 유지되다가 1894년에 폐지되었다. 어영군을 관리하는 어영청에는 정상적인 지휘계통 이외에 재경 군관처럼 무과의 합격자 남발로 인한 대우 장교가 대부분이었다. 그래서 어영청은 기율紀律이 약한 군대라는 평이 있었다.

더욱이 조선 말기에 가면서 어영청은 재정이 고갈되었고, 또 새로 만든 신식 군대를 우대하면서 푸대접받게 된다. 그래서 어영청을 포함한 구식 군대는 급료와 대우에서 차별받게 되었다.

임오군란은 녹봉으로 지급된 쌀의 반은 불량이어서 일으킨 구식 군대의 난이었다. 이런 상황에서 어영청 군대의 기강이 무너져 군대라 하기도 창피했다. 이때 어영은 영도 아니라는, 즉 어영비영御營非營이라는 말이 생겼다. 소명이나 목표 없이 대충 시간을 보낸다는 말이지만, 사실 어영청 군인의 잘못은 아니었다.

어영부영한다고 구성원을 탓할 것이 아니라 조직이 뚜렷한 목표를 제시했는지, 적재적소에 인재를 배치했는지, 정당한 대우를 하는지도 함께 살펴볼 일이다.

御(어거할 어 🜚)   길(척彳부162)에서 절구(오午)와 같은 무구巫具 앞에 무릎 꿇고 예배하는 모습(절卩부26). 신을 맞이하여 사악한 세력을 방어防禦하는 의례. 신성한 존재를 맞이하고 섬기는 데서 나중에 임금과 같이 모든 존귀한 존재를 일컫게 된다. '수레를 몰다'라는 어거馭車의 뜻은 어馭에서 비롯되었다. 예) 암행어사暗行御史, 제어制御

營(경영할 영)   화톳불(영熒 ✵)을 밝히고 군영軍營이나 궁전宮殿(려呂)을 만들어 가는 모습. 군영 혹은 궁전을 설계하고 시공하는 것이 경영의 본래 뜻이었다가 사업을 영위하는 것으로 발전함. 예) 자영업自營業, 진영陣營

큰 고개 남쪽에 있어, 영남

    한국은 국토의 70% 이상이 산악지대이다. 그래서 산 혹은 산성이나 고개를 중심으로 땅을 갈라 이름 붙인 경우가 많다.

    이를테면 성남시城南市는 남한산성 남쪽에 있는 도시다. 그리고 큰 고개를 중심으로 지역을 나눈 곳이 영남嶺南과 영동嶺東, 영서嶺西가 있다. 호남과 호서가 호수의 남쪽과 서쪽을 의미하지만 그 호수가 어디인지는 정확하지 않다. 그러나 영남의 고개(령嶺)는 조령鳥嶺, 우리말로 새재(경상북도 문경시와 충청북도 괴산군 사이에 있는 고개)를 가리킨다.

    새재 남쪽 지역은 경상도에 해당한다. 영남지역 즉 경상도에도 호수가 없는 것은 아닌데, 굳이 고개를 기준으로 지역을 나눈 것은 무엇 때문일까? 아마도 이 지역에 산지山地가 많다는 것을 나타내고자 한 것으로 추정된다. 강원도의 동서를 가르는 기준으로 대관령을 써서 영동과 영서로 나눈 것도 이 지역이 산악지대임을 강조한 것이다.

    무심코 사용하는 지명도 작명 의도를 살펴보면 중요한 정보를 발견할 수 있다.

嶺(재 령)　　　　　　령슈( )은 고깔(집ㅅ)을 쓰고 고개를 숙여 무릎 꿇고서
　　　　　　　　　　(절 卩 부2) 신의 명령命슈을 받는 모습. 여기에 혈頁 부181
　　　　　　　　　　을 더한 영領은 고개를 뜻한다. 산山의 고개는 령嶺. 예)
　　　　　　　　　　준령峻嶺, 고령 高嶺

南(남녘 남南)　　　 중국 남쪽에 거주하는 묘족苗族 계열에서 쓰던 악기의 이
　　　　　　　　　　름. 천장에 매달고 사용하던 종의 모습이다. 예) 남산南山,
　　　　　　　　　　지남指南

분수를 잊고 날뛰다 떨어진 해, 욱일기

해가 십육 방향으로 뻗치는 모습을 그린 욱일기는 일본의 군국주의가 강화되던 시절 일본 육군과 해군의 군기로 사용되었다. 일제와 태평양 전쟁의 피해를 직접 겪은 우리 민족으로서는 마치 유대인들이 나치의 하켄크로이츠 깃발을 대하는 것과 같은 거부감이 들 수밖에 없다.

그런데 욱일(旭日)이 아침에 돋는 해를 의미하기는 하지만 욱旭 자는 단순히 '밝다'는 뜻을 넘어 신화적인 이야기를 품고 있다.

고대 하늘에는 10개의 태양이 있었다. 열흘을 뜻하는 순旬이라는 글자에서도 알 수 있듯이 10개의 태양이 매일 하나씩 돌아가면서 떠오르고 졌다. '갑을병정무기경신임계'라는 십간十干도 여기서 유래한다.

그런데 어느 날 10개의 태양이 한꺼번에 떠올랐다. 이로 인해 세상은 용광로처럼 끓었고, 가뭄이 이어지면서 백성들은 큰 곤경에 처했다. 결국 지상을 다스리는 천제天帝가 활의 명수인 예羿라는 신하를 시켜 아홉 개의 해를 떨어트리게 했다. 그리고 한 개의 태양만 남자 세상은 다시 평화를 되찾았다.

아홉 개(구九)의 해(일日^{부7})가 이른바 욱旭이다. 욱旭은 다시 말해 분수를 잊고 날뛰다가 화살을 맞고 떨어진 해를 말한다. 도쿄올림픽에서 욱일기를 쓸 수 있도록 올림픽위원회에서 허용했다. 최근 평화헌법을 고치고 주변국을 적대시하는 일본 정부의 군국주의적 책략과 그 궤를 같이한다. 제국주의의 운명이 고대 아홉 개의 해인 욱旭처럼 날뛰다가 추락할 운명임을 깨달으면 좋겠다. 그런 연후에 세상은 다시 평화가 찾아올 것이다.

旭(햇살 치밀 욱)	구九가 소리 역할도 하지만 아홉 개의 해(일日^{부7})를 가리켜 뜻의 역할도 한다. 밝게 빛나는 아침 해를 가리킨다. 예) 욱광旭光
日(날 일 ⬭)	태양의 모습. 단순한 원이 아닌 것을 나타내기 위해 중앙에 점을 더했다. 예) 일광욕日光浴, 차일遮日
旗(기 기)	언㫃(🏳)은 깃발과 깃대의 모습. 기其(🔯)는 곡식을 바람에 걸러내는 키의 모습으로 네모난 형태를 가리킨다. 네모(기其)로 된 깃발을 가진 기(언㫃)를 旗라 한다. 예) 기수旗手, 조기弔旗

스스로 몸을 던진다, 정신대

일제 식민지 통치에서 해방된 지 80여 년이 다 되어가지만 당시 강제노역 노동자, 원폭 피해자, 한국인 전범戰犯, 정신대 여성 등의 피해 문제는 아직 해결되지 않았다.

일본 정권은 1965년 한일협정으로 모든 보상이 끝났다고 주장하며 정신대 등 사과와 피해보상을 요구하는 한국에 대해 경제 보복을 가하기도 했다. 특히 일본 정부는 정신대로 동원되어 일본군에 성 착취를 당한 한국 여성의 존재 자체를 부정하고 있다.

정신대를 처음 들었을 때 직접 전투에 참여하지 않고 어떤 정신적인 역할을 시켰다는 생각이 들었다. 그러나 정신挺身이란 '몸을 던지다'는 의미다. 정신출전挺身出戰은 곧 앞장서 나가 싸우라는 말이다.

한국인이 스스로 몸을 던져 일제를 위해 일하라는 사악한 이름이다. 한국인 가운데도 정신대挺身隊라는 이름처럼 여성이 자원하여 돈을 벌고자 한 행위로 몰아가는 학자들이 있으니 한심한 노릇이다.

挺(뺄 정)

정壬( )은 물건을 높이 들고 서 있는 사람의 모습. 정립挺立한 형태. 인廴_^{부59}은 의례를 행하는 사당의 중정中庭으로 담장이 쳐진 마당. 중정(인廴_)에 우뚝 서서(정壬) 손(才←수手^{부65})으로 물건을 들어 올린 모습이 정挺. '빼어나다·앞장서다' 등의 뜻이 있다. 예) 정걸挺傑, 공정空挺

身^{부158}(몸 신)

임신한 부인의 옆모습. 이로부터 일반적인 '몸'의 의미가 되었다. 예) 신체발부身體髮膚, 장신長身

隊(떼 대)

수豕는 양쪽 귀(八)가 늘어진 짐승(시豕^{부152})의 모습으로 희생으로 쓰인다. 금줄(부阝^{부170})을 치고 희생(수豕)을 떼 지어 나열한 모습이 대隊. 예) 대오隊伍, 악대樂隊

바른 문자가 아니라 바른 소리, 훈민정음

우리가 지금 사용하는 한글은 처음에는 훈민정음訓民正音 혹은 정음正音이라 불렀다. 정음은 말 그대로 바른 소리라는 뜻이다. 왜 바른 문자가 아니라 소리라고 했을까?

고려 전기까지만 해도 우리 선조들은 경서를 통해 배운 한문으로 중국인과 소통할 수 있었다. 그러나 몽골족이 세운 원나라 이후 수도인 북경의 발음은 우리의 기존 한자음과 달라서 중국과 소통할 수 없었다. 그래서 우리 한자음을 수정하여 중국과 소통할 수 있도록『동국정운東國正韻』식 한자음을 구상하고 이 한자음을 정음 혹은 훈민정음이라 한 것이다.

정음은 새로 중국의 수도가 된 북경의 한음漢音을 적기 위한 발음기호로 만들어진 것이다. 이렇게 제정된 정음은 여러 문제를 극복하고『석보상절』,『월인천강지곡』등을 거치면서 우리말 표기가 가능한 것으로 입증되었다. 이렇게 우리말 표기는 물론 정음 이전의 전통 한자음까지 표기가 가능해지자 언문諺文이라 부르게 된다. 일상적으로 사용할 수 있는 글이라는 의미다.

정음에서는 발음기호로 쓰였지만 언문에서 비로소 글이 되었다. 언문은 국문國文 곧 우리나라의 글이라고도 했다. 그러나 민족문화의 암흑기였던 일제강점기에 국문은 곧 일본의 글자 가나(假名)를 가리키게 된다. 그래서 어쩔 수 없이 이와 구별하기 위해 조선어학회가 한글이란 명칭을 사용했다. 국권이 다시 회복된 현재에도 한글이란 명칭을 써야 하는지 의문이다. 언뜻 (훈민)정음, 언문 그리고 한글이 같은 것으로 생각하기 쉽지만 실상은 위와 같이 중대한 차이가 있다.

한글이 세계적으로 훌륭한 표음문자임은 자명하다. 그러나 표의문자인 한자에 비해 개념 형성과 의미 전달 등에서는 단점이 있다. 또 전통문화의 계승과 주변 한자문화권 국가와의 소통을 위해서라도 한글 전용만 주장하는 것은 바람직하지 않다. 한자와 한글이 같이 쓰일 때 우리의 의사소통 능력과 문해력文解力은 크게 향상될 것이다.

正(바를 정 󰀀) 적의 성(─ ← 口)을 향해 진군(지止⁰⁷⁹)하는 모습으로 본래 정복(정征)의 의미. 나중에 전쟁을 정의正義의 전쟁으로 미화한 데서 '바르다'는 뜻이 생김. 예) 정통正統, 공정 公正

音(소리 음 󰀀) 언言⁰¹⁵⁰과 일─의 조합. 언言(言)은 신줏단지(구口⁰³¹←∪)에 담긴 기도가 거짓이면 날카로운 침(신辛⁰¹⁶⁸)으로 묵형墨刑을 달게 받겠다고 하는 것을 표현한다. 그 기도에 신이 희미한 소리(─)로 응답한 것이 音이다. 본래 신의 소리를 뜻했다. 예) 음악音樂, 복음福音

강의 북쪽은 양, 남쪽은 음

임진왜란 때 왜군을 물리치는 데 많은 공을 세운 이항복과 이덕형은 어렸을 때부터 함께 우정을 나누며 총명함을 드러냈다. 이들은 오성鰲城과 한음漢陰이라 불리며 많은 설화를 남겼다.

오성은 이항복의 작위 명이지만 한음漢陰은 이덕형의 호에 해당한다. 이덕형은 어째서 이런 호를 썼을까? 그 이유는 이덕형이 한강의 남쪽인 광주에서 태어났기 때문이다.

옛날에는 강의 북쪽을 양陽, 남쪽을 음陰이라고 했다. 반대로 산은 북쪽이 음, 남쪽이 양이다. 양은 햇빛이 비치는 양지바른 곳이고 음은 햇빛이 닿지 않아 그늘진 곳이다. 해가 동쪽에서 떠서 남쪽을 지나 서쪽으로 져서 일어나는 현상이다. 다만 한강 북쪽에 있는 한남동漢南洞은 한강 남쪽의 의미가 아니라 한양의 도성, 곧 한성漢城의 남쪽에 자리했기에 붙여졌다.

우리나라 지명에는 특히 양陽이 들어가는 곳이 많다. 이를테면 밀양密陽은 물(수산제라는 저수지)의 북쪽 지역이라 지어진 이름으로 여겨진다. 조선의 수도를 한양漢陽, 즉 한강 이북으로 정한 이유가 큰 강을 끼고 있기도 하지만 양기가 넘치는 지역으로 생각했기 때문으로 추정된다.

漢(한수 한)　근墓(🜊)은 무녀를 불에 태워 천제에게 기우제를 지내는 모습. 기근飢饉과 관련된 말에 쓰이지만 한漢에서는 발음 역할을 한다. 한漢은 중국의 한수漢水를 가리킨다. 이곳에서 한漢나라가 발흥했고 또 동남쪽으로 흐르는 물줄기가 은하수銀河水와 방향이 같아 이를 천한天漢이라고 했다. 예) 한라산漢拏山, 한자漢字

陽(볕 양)　금줄(阜阝부리따)을 치고 좌대(ㅜ)에 옥(日)을 두었을 때 그 빛줄기(彡)가 발하는 모습. 옥광玉光은 양기陽氣로서 생명력을 높인다고 생각했다. 예) 석양夕陽, 태양太陽

호남은 어떤 호수의 남쪽일까

인간은 물 없이 살 수 없다. 그래서 사람들은 강이나 호수 부근에 마을을 이루고 살아왔다. 그 호수의 동서남북 사방을 호동·호서·호남·호북이라 부른다.

한국은 호남湖南과 호서湖西라는 지역 이름이 있고 강동·강서·강남·강북이란 지명이 있다. 호남은 옛날에 감영監營이 있던 전주와 나주를 합친 전라도를 일컫는다. 그렇다면 호수의 남쪽인데 그 호수는 어디일까?

제일 먼저 드는 생각은 고대부터 있었던 김제의 벽골제다. 그러나 김제의 벽골제라면 군산과 익산은 그 북쪽에 있으므로 맞지 않다. 그래서 군산과 익산을 아우르는 금강錦江 남쪽을 주장하기도 한다.

금강을 호강湖江으로 부르기도 했다는 것이다. 금강은 또 대전 부근의 대청호에서 서남쪽으로 흐르므로 호강으로 불렀을 개연성이 높다.

그리고 충청도를 호서라 일컫는데, 그 호수가 대청호라는 주장도 있다. 그렇다면 호남과 호서의 두 호수가 모두 대청호와 관련있다. 그런데 호서의 호수는 김제의 벽골제와 같이 고대부터 있었던 제천 의림

지라는 주장이 정설이다.

지역도 시대에 따라 달라졌으므로 그 기준도 달라질 수밖에 없다. 다만 큰 호수를 낀 지역은 벼농사가 발달한 곡창지대라는 것을 짐작할 수 있게 한다.

湖(호수 호)　　　　턱 밑 살을 뜻하는 호胡는 지방(月부살←肉)이 오래되어 (古) 굳어버린 살을 말한다. 그렇듯 물(수氵부수)이 오랫동안 고여 있는 곳이 호湖. 예) 호반湖畔, 담수호淡水湖

南(남녘 남）　　　　중국의 남쪽에 거주하는 묘족苗族 계열에서 쓰던 악기의 이름. 종의 일종으로 천장에 매달아 썼다. 예) 남산南山, 지남指南

북방 오랑캐가 가져온, 호두

호두과자 하면 충남 천안이 떠오른다. 그렇다면 천안이 호두의 고향일까? 호두는 한자로 호도胡桃라고 쓴다. 호胡는 북방 오랑캐를 가리키지만 17세기 초엽에 청나라가 들어서고는 청나라를 가리키는 경우도 있다.

호도의 원산지는 중동지역으로 중국을 거쳐 고려시대에 유청신이 원나라에 사신으로 갔다가 가져와 천안에 처음 심은 것으로 전해진다. 부스럼을 예방하고 이를 튼튼히 하기 위해 정월 대보름 때 호두로 부럼 깨기를 하는 풍속이 있다.

복숭아나무도 귀신을 쫓고 액을 막는 데 사용된다. 호두는 아마 서역 혹은 원나라(몽골)와 관련하여 호胡가 붙은 것으로 생각된다.

호胡가 들어가는 말, 호빵·호떡·호밀·호주머니·후추(호추)·호로자식 등이 모두 호두처럼 오랑캐(서역이나 북방민족)와 관련이 있다.

胡(오랑캐·호력밀살 호) 소의 턱 아래 기름(월月 ←육肉)이 오랫동안(고古) 고여 혹이 된 것. 추운 북방 지역에 사는 사람들이 몸속 지방이 용해되지 않고 쌓여 혹이 생기는 경우가 있다. 그 사

람들을 호胡라고도 불렀다. 예) 호각胡角, 호란胡亂

桃(복숭아 도)　　　조兆는 고대에 점을 치려고 거북이 배딱지를 태워 갈라진
모습. 이 조짐兆朕이 수상하면 귀신을 물리치는 데 복숭아
나무를 썼다. 예) 황도黃桃, 도원桃園

황제와 싸우다 죽은, 붉은 악마

한국의 축구 대표팀이 경기할 때마다 등장하는 '붉은 악마'는 구체적으로 치우蚩尤를 가리킨다. 치우는 우리 민족이 속한 동이 계열의 신으로 탁록의 들판에서 황제와 싸우다가 죽었다고 한다. 이 탁록 싸움의 줄거리를 간단하게 살펴보자.

치우가 무기를 만들어 황제를 공격하자 황제는 응룡에게 기주에서 그를 공격하게 한다. 응룡이 공격을 위해 물을 모아두자 치우가 풍백과 우사에게 그 물을 폭풍우로 쏟아지게 한다. 황제가 이에 천녀天女인 발魃에게 비를 멈추게 하고 치우를 죽인다.

이 죽음을 안타까이 여겨 동이 민족을 중심으로 그를 군신으로 섬겨왔는데 2002년 월드컵을 계기로 화려하게 부활한 것이다. 치우와 싸운 황제黃帝를 한족漢族은 시조로 섬긴다. 특히 황제와 노자의 학설을 결합하여 황로학파黃老學派가 생기면서 도가에서도 중요한 존재가 되었다.

또 다른 황제皇帝도 있다. 전국시대 열강을 통일한 진秦의 시황제始皇帝가 자신을 지칭한 말이다. 삼황三皇과 오제五帝를 한 단어로 줄인

이름이라는 설도 있으나, '황황煌煌한 상제上帝', 즉 '빛나는 우주의 주재자'라는 의미로 새로 만든 칭호다.

이후 중국에서는 왕을 황제皇帝라 칭했다. 결국 황제에는 고유명사 황제黃帝와 보통명사 황제皇帝가 있다. 중국 역사와 관련된 책을 읽을 때는 황제가 황제黃帝인지 황제皇帝인지 주의해서 봐야 한다.

皇(임금 황 𝕩)	임금을 상징하는 도끼날(왕王𝕩) 위에 옥(白)을 둔 모습. 이를 왕좌에 두어 왕위의 상징으로 삼았다. 예) 황후皇后, 삼황오제三皇五帝
帝(임금 제 𝕪)	천제를 제사 지낼 때 쓰는 제상의 모습. 교차된 다리 부분을 엮어(체締) 안정시킴. 예) 제국帝國, 대제大帝

7

적당하지 않은 말

몇? 어찌? 기하

중국인은 지오메트리geometry를 그 뜻과 전혀 상관없이 발음만 고려하여 기하幾何(지허)라고 번역했다. 이를 접한 한국인이 처음에 '몇 어찌'가 무엇인가 고심했을 것으로 보인다.

실제로 고전에서는 기하가 '얼마' 정도의 의미로 쓰였다. 그런데 'geo'는 '땅', 'metry'는 '측정하다'는 뜻을 갖는다. 서양에서 나일강 등이 범람한 후 토지의 경계선을 다시 긋고자 땅을 측량한 데서 시작된 학문이다. 그렇다면 발음도 닮았지만 뜻도 유사한 지하地河라고 번역했으면 좋지 않았을까?

지하地河에는 하천河川의 범람으로 땅(地)을 다시 측량한다는 의미가 담겨 있다. 아니면 의미에 중점을 두어 측지학測地學이라 했어도 좋았다.

말은 단순한 소리가 아니며 문자도 단순한 기호가 아니다. 말이든 문자든 의미를 담고 있어야 한다. 그래야 의사소통뿐 아니라 생각하는 힘을 키울 수 있다. 외국어를 번역할 때도 소리만이 아니라 뜻도 담을 수 있도록 어휘를 선택해야 한다.

幾(낌새 기)　　　　창(수戍)에 실(사絲)을 엮은 모습. 왕이 암행어사나 사신
　　　　　　　　　 등에게 이 기구機具를 주어 상대방의 낌새(기미)를 살피고
　　　　　　　　　 기찰譏察하도록 했다. 기幾가 '몇'이나 '얼마'의 뜻도 있는
　　　　　　　　　 데 이는 얼마 안 되는 낌새를 자세히 살피는 데서 비롯된
　　　　　　　　　 것으로 보인다. 예) 기미幾微

何(어찌 하　)　　　가可는 신줏단지 (구口ᵇᵘᵏⁱ←∪)를 나뭇가지(闇)로 때려 원
　　　　　　　　　 하는 것을 허가許可 받거나 가능可能하게 하려는 의례지
　　　　　　　　　 만 하何에서는 소리 역할을 한다. 하何(　)는 그 의례를
　　　　　　　　　 주관하는 사제(형兄)가 나뭇가지(丁)를 들고 가는 모습으
　　　　　　　　　 로 하荷(짐 하)의 본래 글자다. '어찌'라는 의미는 신줏단
　　　　　　　　　 지를 통해 신을 꾸짖는(가詞) 데서 나온 것으로 보인다.
　　　　　　　　　 예) 수하誰何, 하필何必

농단이 필요하다

지난 박근혜 정권에서 최순실 씨의 국정농단으로 대통령이 탄핵당하는 초유의 사태가 벌어졌다. 농단이라는 말을 처음 들었을 때는 弄(희롱할 롱)을 쓰겠거니 했는데 壟(언덕 롱)을 썼다. 독단적으로 희롱한다는 의미로 생각했는데, 유래를 찾아보니 그게 아니었다. 농단壟斷의 유래는 『맹자孟子』의 「공손추하公孫丑下」 편에서 찾을 수 있다.

옛날 시장은 자신이 갖고 있는 물건과 없는 물건을 바꾸는 곳이었다. 관리는 (세금을 징수하지 않고) 분쟁조정만 했다. 어떤 천한 사람이 용단(깎아 세운 듯이 높이 솟은 언덕)에 올라, 좌우를 둘러보고 흐름을 파악하여 시장의 이익을 독점하였다. 그래서 사람들이 이를 방지하기 위해 세금을 거두기 시작했다. 세금을 걷는 것은 이 천한 사람으로부터 시작된 것이다.

『맹자』에서는 본래 용단龍斷이라 쓰였지만 용龍은 농壟, 즉 언덕이라는 뜻이다. 농단이란 일차적으로는 깎아지른 듯(斷) 솟아 있는 언덕(壟)을 가리킨다. 그런데 순박한 물물교환의 장이었던 시장의 상황을 높은 언덕(농단)에 올라 관망하면서 이익을 쓸어 담은 데서 '유리한 지위를 이용해 이익을 독점'하는 것을 뜻하게 되었다. 그래서 이런 폭리를 취하는 자를 제재하기 위해 세금을 부과하게 되었다는 것이다.

그렇지만 현 시대에 농단이 과연 비난받을 만한 짓인지는 모르겠다. 오히려 장기적이고 국제적인 시장 상황을 파악하여 제품을 기획하고 공급을 조절하는 일이 필요하다. 오히려 농단을 못하는 기업이 문제다. 고대에 농단이 문제가 된 것은 순박한 공동체 사회에서 사익을 탐했기 때문이다. 하지만 자본주의 사회에서는 모두가 이익을 추구하는 것이 허용된다. 성역이 있다고 주장할 수도 있겠으나, 자본주의 사회에서 자본과 이익은 공기처럼 우리를 지배한다. 이렇게 써놓고 보니 국정농단을 옹호하는 것 같다. 아니다. 내가 이야기하고자 하는 것은 농단이 지나치게 미화된 용어라는 점이다. 그들의 행위는 국민에 대한 반역叛逆이며 공동체를 교란攪亂하는 행위였다. 그런 의미에서 부역附逆, 즉 반역에 가담했다는 말이 더 적당하다.

壟(언덕 농)　용(龍)의 굽은 몸통이 산맥과 닮아 토土[부13]를 더한 농壟은 언덕을 뜻한다. 예) 구롱丘壟

斷(자를 단)　계䡄는 베틀에 걸린 여러 줄의 실(사絲) 모습. 이를 도끼(근斤[부20])같은 칼날로 자른 모습이 단斷. 이로부터 단절斷絕·단정斷定·단죄斷罪 등의 말이 생겼다. 비슷한 뜻을 가진 절絕은 염색(색色[부14]) 중인 실(멱糸[부121])이 약해서 끊어진 것을 말한다. 예) 횡단橫斷, 단발斷髮

희롱 말고 농락

"수없이 여자를 겪은 김두수다. 농락하고 난 뒤 술집에 팔아먹은 일도 몇 번 있었다."

박경리 작가의 『토지』에 나오는 글이다. 이와 같은 글을 보면 농락의 의미가 희롱(弄)하고 즐기는(樂) 정도로 생각된다.

그런데 한자로 된 농락은 의외로 농락籠絡, 곧 새장과 고삐라는 뜻이다. 아마도 새장에 가둔 새나 고삐에 메인 소처럼 원하는 대로 타인을 잘 다룬다는 의미로 보인다.

그렇다면 『토지』에서는 '농락'보다는 '희롱戱弄'이 더 적당하다. 농락이 상대방을 교묘하게 구워삶아 자신의 목적을 이루는 것이라면, 희롱은 특별한 목적 없이 노리개처럼 가지고 논다는 의미로 쓰이기 때문이다.

籠(대그릇 롱)

용龍이 몸을 굽힌 모습에서 언덕(농壟)이나 대바구니(롱籠)처럼 땅딸막한 모양을 나타낸다.
예) 농구籠球, 농조籠鳥

絡(이을 락)

각亩은 신줏단지(구口^{부31}←∪)에 담긴 기도에 응해 신이 내려오는(치夊^{부35}) 모습으로 한 지점에서 다른 지점으로 도달한다는 뜻이 있다. 실(멱糸^{부121})로 두 사물을 잇는 것이 락絡. 예) 연락連絡, 경락經絡

弄(가지고 놀 롱)

구슬(옥玉^{부97})을 두 손(공廾^{부56})에 들고 노는 모습. 예) 농담弄談, 농월弄月

樂(풍류 악 • 즐거울 락 • 좋을 요 ♔)

자루(木)가 있는 방울(白)에 실 장식(사絲)을 한 모습. 본래 무녀가 굿을 하며 신을 즐겁게 하기 위해 쓰는 도구였다. 예) 쾌락快樂, 향락享樂

맹지 말고 무도지

부동산을 직업으로 하지 않는 사람이라도 '맹지'란 말을 들어본 적이 있을 것이다. 보통 도로에 접하지 않아 효용이 극히 낮은 토지를 일컫는데, 원칙적으로는 일정한 기준의 공도公道에 접하지 않는 토지를 말한다. 그래서 건축 등 각종 개발행위가 제한되어 활용도가 낮다.

이 말을 한자로 쓰면 맹지盲地다. 시각장애인을 뜻하는 맹盲 자를 쓰고 있다. 그런데 길이 접하지 않는 것과 눈앞을 보지 못하는 것이 무슨 상관일까? 맹지를 달리 말하면 공도가 접하지 않은 무능력한 땅이다. 그러나 맹인은 눈을 제외한 다른 감각기관이 매우 발달했다. 청각 능력이나 암송 능력 또는 손을 세세하게 움직이는 능력 등에서 보통 사람을 넘어선다. 눈앞이 보이지 않아 오히려 환영으로 가득 찬 현실 세계를 넘어서는 본질, 세속을 넘어서는 신성한 세계를 느낄 수 있다. 그래서 옛날에는 이들의 능력을 활용하기 위해 관상감觀象監 같은 소경少卿이나 봉사奉事 등의 관직을 주었다.

'소경·봉사'가 맹인을 얕잡아 보는 말이라 생각했는지 지금 '시각장애인'이라는 말을 쓰지만 본래 그렇지 않았다는 사실을 알 수 있다. 이런 사정을 고려하면 '맹지'라는 말은 사실에도 부합하지 않으며 맹인을 비하하는 용어로 생각된다. 따라서 '공도가 접하지 않는 땅'을 가리킬 수 있는 무도지無道地 또는 무공도지無公道地로 바꾸는 게 좋다.

언어의 역사성과 관습을 주장하면서 바꾸기를 꺼리는 주장도 있을 수 있다. 그렇지만 장애인 비하와 개념의 혼란을 일으키는 말을 그대로 쓰는 것은 옳지 않다. 후세를 위해서도 현세대가 조금 불편을 겪는 게 옳지 않을까!

盲(눈이 멀 맹)	눈(목目ㅜ119)의 기능을 잃은(망亡) 상태. 망亡은 시체의 상반신 해골의 모습으로 '죽다, 사라지다'는 뜻이다. 예) 색맹色盲, 맹아盲啞
地(땅 지)	본래 글자는 墜(떨어질 추)로 금줄(부阝ㅜ170)을 친 성역에서 토지신(토土ㅜ32)에게 희생 동물(수豕)을 바치는 모습으로, 지地는 추墜를 대신한 형성 문자다. 그런데 야也를 『설문해자』에서는 여성의 성기로 본다. 그렇다면 생산능력(야也)을 가진 땅(토土)의 의미가 된다. 예) 지질地質, 경지境地

아직 죽지 않은 사람, 미망인

상가에 조문하러 가면 가끔 미망인 000이라는 표기가 있어 깜짝 놀란다. 미망인未亡人은 말 그대로 아직 죽지 않은(未亡) 사람이라는 뜻이다. 죽은 남편을 따라 죽었어야 했다는 의미가 내포되어 있다. 그런데도 이 말이 과부寡婦보다 더 품격 있는 말로 이해되는 경우가 많다.

미망인의 개념은 순장殉葬이 행해지던 시대에 부인도 함께 묻던 풍속에서 유래했다. 사내가 죽으면 함께 묻혀야 하는데 시대가 진보하여 순장 풍속은 없어졌지만, 그 관념은 남아있는 것이다. 당시 사람들은 죽음이 삶이 끝이 아니라 내세來世에서 다시 태어난다고 믿었다. 그래서 내세에서 이승에서의 생활을 유지하게 되는데 귀족들은 집, 가재도구는 물론 가족과 노비들도 필요했다. 그래서 엄청난 부장품과 순장이 행해진 거대한 무덤을 조성한 것이다.

나는 티베트 사람들처럼 내세를 믿는 것이 현세를 더욱 알차고 선하게 사는 데 도움이 된다고 생각한다. 그렇더라도 지금 시대에 미망인未亡人이라는 말을 쓰는 것은 곤란하다. 미망인을 실상과 달리 격조 있는 표현으로 생각하고 과부를 천박하게 보는 경향이 있다. 그런데 과부寡婦의 과寡(홀어미 과) 자는 사당(宀)에서 도롱이를 쓰고 상喪을 치르는 사람(頁)의 모습이다. 여기에는 존경이나 경멸의 의미가 없다. 다만 왕이 즉위할 때 돌아가신 선왕의 죽음을 자신이 덕이 부족한 탓으로 돌려 과인寡人이라 칭하면서, 과寡가 부족하다는 뜻을 갖게 된다. 이렇게 본다면 미망인보다는 과부가 더 품격 있는 말이다.

未(아닐 미)   나무(목木 부79)의 가지와 잎이 무성해져 가는 모습(一)으로 아직 젊다는 뜻이 있다. 완전하게 자란 것이 아니어서 부정의 의미로 쓰인다. 예) 미숙未熟, 미래未來

亡(죽을 망 ㄴ)   죽은 자를 태아의 모습처럼 굽혀 놓은 상태(굴지屈肢). 다시 태어나기를 바라는 마음으로 굴지장屈肢葬을 치렀다고 한다. 예) 망명亡命, 존망存亡

寡(홀어미 과)   사당(면宀 부41)에서 관을 쓴(혈頁 부181) 사람(刀←인人 부9)이 슬퍼하는 모습이 과寡. 과寡에는 부족하다는 의미도 있다. 예) 중과부적衆寡不敵, 과욕寡慾

婦(아내 부)   빗자루(추帚)를 든 여인의 모습. 창주鬯酒라는 향기 나는 술을 빗자루에 부어 사당 안을 정화하는 여인. 고대에 부婦는 자신의 가문을 대표하는 사람으로 중요한 지위에 있었다. 예) 종부宗婦, 신부新婦

수를 네모 모양으로 늘어놓고 계산하기, 방정식

　이른바 '수포자' 곧 수학을 포기한 사람도 방정식이란 말은 대강 안다. 방정식은 "미지수를 포함하는 등식에서, 그 미지수에 특정한 수치를 넣었을 때만 성립하는 것"이다. 언뜻 봐도 방정식이란 말과 그 풀이가 연결되지 않는다. 방정식과 대비되는 것이 항등식恒等式, 곧 "변수에 어떤 수를 넣어도 항상 참인 등식"이다. 이에 비해 방정식은 "특정수만이 참인 등식"이다. 그렇다면 방정식의 올바른 용어는 항등식에 대비하여 등식이 될 수도 있고 안 될 수도 있다는 의미에서 변등식變等式 혹은 참이 되는 특정 수치를 넣기 전에는 등식이 될 수 없다는 점에서 미등식未等式이라고 번역했어야 옳다.

　방정식의 본래 영어 표현인 'equation'도 등식을 나타낸다. 중국 청나라의 수학자 이선란李善蘭(1811~1882)이 'equation'을 번역하면서 방정식이란 용어를 썼는데, 아래에서 보는 것처럼 적절하지 않다. 방정方程에서 방方은 '네모', 정程은 '헤아리다'는 뜻이다. 중국의 고대 산술서적인 『구장산술九章算術』에 나오는 용어로 "수를 네모 모양으로 늘어놓고 계산하는 것"을 뜻한다.

현대 수학 용어로 말하자면 일차연립방정식을 푸는 과정과 유사하다. 다른 과목도 그렇지만 특히 수학은 정확한 개념을 수립하고 이를 근거로 치밀한 논리를 전개하는 학문이다. 그런데 번역과정에서 그 개념자체가 부정확한 경우가 적지 않다. 그로 인해 수학을 어렵게 느끼고 급기야 포기까지 하는 사람들이 속출한다. 말 그대로 자연스럽게 개념을 사용한다면 사실 어려운 과목이란 없다. 지금이라도 잘못 번역된 용어는 고쳐 쓰는 것이 논리적 치밀함을 추구하는 수학을 위해서도, 학생들의 정당한 학습권을 위해서도 필요하다.

方(모방) 𠂤 가로지른 나무에 이민족異民族의 시체를 매단 모습. 고대에는 경계(국경) 지역에서 사악한 기운 따위를 막기 위해 사용한 주술 방법이었다. 사방에 걸쳐있는 경계는 끝이고 그래서 '날카롭다·모나다'는 뜻이 된다. 또한 '사방·네모'의 뜻도 갖는다. 예) 방언方言, 입방立方

程(헤아릴 정) 곡식을 나타내는 화禾부116, 소리 역할을 하는 정呈의 결합. 정呈(𡈼)은 기도문이 담긴 신줏단지(구口부31←ㅂ)를 높이 들고 우뚝 선 사제의 모습으로 신에게 '드린다'는 뜻. 정呈에 곡식(화禾부116)을 더해 만든 정程은 농사와 관련하여 하늘에 기도하여 풍년이 들지 '헤아리는' 것을 의미한다. 이로부터 나중에 길이를 헤아리는 단위로도 쓰였다. 예) 정도程度, 음정音程

式(법 식) 무녀가 왼손(左)에 쌍주령(공工부49)과 주살(弋)을 들고 규범에 따라 행하는 의례의 모습에서 규범 혹은 법을 의미한다. 주살(弋)은 새를 죽이는 데 사용하므로 弒(죽일 시)처럼 상대방을 죽음에 이르게 하는 저주 의례일 수 있다. 예) 법식法式, 요식要式

동사를 형용사로 만드는, 분사

영어를 공부하는 데 한자를 알 필요가 있을까? 전혀 상관없는 분야 같지만 그렇지 않다는 것을 '분사'라는 문법 용어로 알아보자.

분사가 무엇이냐고 물으면 영어를 제법 잘 안다고 하는 학생은 물론 영어 교사까지도 정확한 답을 하지 못한다. 분사의 개념을 설명할 수는 있지만, 왜 분사分詞로 썼는지는 모르기 때문이다. 심한 경우 분사가 문법적으로 왜 생겼으며 어떤 기능을 하는지 정확히 모르는 경우도 있다.

일반적으로 분사는 인도 게르만 어족을 가진 여러 나라에서 동사를 형용사적으로 쓰기 위해 만들어졌다. 동사를 명사적 형식으로 사용하는 품사가 동명사, 동사를 형용사적 형식으로 사용하는 품사가 분사다. 동명사의 사례처럼 분사도 동형용사라고 번역했다면 금방 이해할 수 있었을 것이다.

이는 분사의 본래 단어인 'participle'에 '나누다'는 의미가 있다고 보고 '분分'을 쓴 것으로 추측된다.

그렇다면 분사分詞에서 분分을 어떻게 이해하는 것이 좋을까? 아마도 동사가 형용사에 그 뜻을 분양分讓, 곧 나누어주었다고 이해하는게 가장 바람직하다.

형식(문법적 기능)은 형용사지만 의미는 동사라고 보면 된다. 국어를 잘 모르는 데 영어를 잘하리라 기대하면 곤란하다. 이는 문법뿐 아니라 단어나 독해의 경우도 마찬가지다. 그리고 국어를 잘하기 위해서는 그 절대적인 요소를 차지하는 한자를 학습하는 것이 필수다.

分(나눌 분) 칼(도刀 주16)로 사물을 둘로 나눈(八) 모습. 분할分割의 뜻으로부터 그 구분에 따른 것, 즉 신분身分·명분名分의 의미도 된다. 예) 분할分割, 신분身分

詞(말씀 사) '말씀'을 뜻하는 언言 주156과 일을 '맡다'는 의미를 가진 사司의 조합. 사司(⿺)는 기도문을 담은 신줏단지(구口 주31←∪)를 칼날(사鞍)로 열어 그곳에 나타난 신의 뜻을 살피는 모습. 이처럼 신의 계시를 받는 일을 맡아하는 것을 사司라 한다. 그리고 신줏단지에 기도의 말을 사詞라고 했다. 예) 가사歌詞, 명사名詞

회계장부를 꾸미는 행위, 분식회계

주식 투자자나 은행 입장에서 보면, 기업의 분식회계는 파렴치한 범죄에 해당한다. 장부상 자산이나 이익을 속여 기재함으로써 신뢰를 무너뜨리고 결국 기업에 심각한 손해를 입히기 때문이다.

사기와 같은 행위인데 이를 분식회계粉飾會計라 한다. 분粉을 칠해 꾸미는(식飾) 행위, 곧 화장이나 겉을 꾸민다는 정도의 의미다. 사기에 비해서는 말이 지나치게 완곡하다. 회계 부정을 일삼는 기업의 이미지를 너무 부드럽게 표현했다.

이 말 자체가 너무 분식粉飾을 했다면 지나친가? 부정 회계나 사기 회계라고 하는 편이 더 적절하다.

분식粉飾은 본래 몸을 맵시 있게 꾸미는 분식扮飾과도 거의 같은 맥락의 말이었다. 그러나 분식粉飾은 겉을 꾸미며 남을 속이는 것을 뜻하게 되었고, 분식扮飾은 몸을 맵시 있게 꾸미며 아름답게 비치는 의미로 갈라졌다.

粉(가루 분)　　　쌀(미米^{부120})을 찧어 나누어진(분分) 가루가 분粉. 옛날에는 얼굴 화
　　　　　　　　장에 쌀가루를 썼다. 예) 분홍粉紅, 화분花粉

扮(꾸밀 분)　　　연극 등에서 나누어진(분分) 역을 맡기 위해 손(手<سب>부60</sup>)으로 꾸미는 일.
　　　　　　　　예) 분장扮裝, 가분假扮

飾(꾸밀 식)　　　음식 그릇(식食^{부184}) 앞에 사람(인人^{부9})이 수건(건巾^{부50})을 맨 모습.
　　　　　　　　음식을 먹고 난 후 입을 닦기 위해 손수건을 몸에 걸친 모습으로 닦아
　　　　　　　　내는 것이 본래 뜻이었다. 몸을 닦는 데서 꾸미는 것으로 변화되었다.
　　　　　　　　예) 허식虛飾, 장식裝飾

얼굴을 씻는데 왠 손, 세수

본래 '얼굴을 씻다'는 말은 세면洗面이나 세안洗顔을 쓰면 된다. 그럼에도 불구하고 손을 씻는 의미인 세수洗手가 관용적으로 얼굴을 씻는다는 말로 쓰이고 있다.

한국이나 중국에서는 그런 용례를 찾아보기가 쉽지 않다. 그렇다면 이렇게 전용하여 쓴 것은 아마도 일본인에 의해 시작된 듯하지만, 그 사유는 분명하지 않다.

다만 실수失手라는 말도 손을 잘못 놀린 것이지만 '말을 실수하다'와 같이 실언失言 등 다른 영역까지 확대되어 쓰인다. 사람의 지체肢體 가운데 손이 그 쓰임이 가장 다양해서 다른 부분으로까지 확대된 것이라고 짐작된다.

洗(씻을 세)

선先( )은 발의 모습인 지之( )와 사람의 하체를 나타내는 인儿ᴮ⁰¹⁰의 조합으로 발을 움직여 앞서가는 행위를 나타낸다. 선행先行·선도先導의 의미가 있다. 선도자로서 여행에서 돌아와 다른 땅에서 발에 묻혀 온 사악한 기운을 씻어내는 것이 세洗. 예) 세족洗足, 세탁洗濯

失(잃을 실 𡗜)　　　감정이 고조되어 자기 자신을 잊는 실신失神 상태에서 손을 들어 춤을 추는 모습. 예) 실업失業, 손실損失

手(손 수 �触)　　　다섯 손가락과 손목을 표시. 수才(손 수)와 모양이 같은 재才(재주 재)도 있으므로 주의가 필요하다. 예) 수동手動, 선수選手

버드나무 가지로 이를 쑤셔서, 양치

흔히 칫솔에 치약을 묻혀 이를 닦는 일을 양치질이라고 한다. 칫솔질의 다른 말로 쓰인다. 그런데 양치養齒에 쓰이는 양養은 영양을 공급하고 병을 치료하는 등 종합적인 행위를 일컫는다. 이를테면 아이를 양육養育한다면, 영양과 건강 등 아이의 성장을 위해 다방면으로 돌보는 것을 말한다. 따라서 양치도 치아 건강을 위해 종합적으로 돌보는 일을 의미하는 것일 텐데 칫솔질에 한정하여 쓰이고 있다.

그것은 양치란 말이 처음에 양지楊枝, 곧 버드나무 가지로 이를 쑤시던 일에서 시작되었기 때문이라는 주장이 있다. 칫솔이 없던 시절에는 가느다란 나뭇가지를 잘라 이 사이의 음식물을 제거하던 기억이 나에게도 있다. 일본어의 요지(楊枝)가 이쑤시개가 된 것도 이런 연유다. 그러니까 양지란 말이 양치로 와전되어 칫솔질만을 의미하게 된 것이다. 그러나 이왕 양치養齒란 말을 썼으니 종합적인 치아 관리라는 의미로 쓰는 것이 좋다.

치아의 건강을 위해서는 칫솔질만 중요한 것이 아니다. 제때 칫솔질을 하는 것도 중요하다. 더불어 좌우 치아를 고루 활용하고 심하게 이를 악무는 일도 삼가야 한다. 피가 나거나 잇몸이 부으면 참지 말고 병원에 빨리 가야 한다. 참다가 악화되어 치아를 빼는 일도 생기기 때문이다.

치아 건강은 오복 가운데 하나고 신체 건강의 전위에 해당한다. 종합적인 치아 관리 개념에서 양치의 중요성을 강조할 필요가 있다.

養(기를 양) 양羊[부124]에게 먹이(식食[부184])를 공급하는 모습. 예) 요양療養, 영양營養

齒(이 치) 상하 앞니의 모습. 지止[부76]가 소리 역할을 한다. 치아齒牙에서 아牙는 어금니. 예) 발치拔齒, 치통齒痛

楊(버들 양) 양昜( )은 좌대(T) 위에 놓인 옥(日)이 아래로 빛을 발하는(삼彡[부65]) 모습. 나뭇가지(목木[부76])가 아래로 빛을 반사하는 것처럼 흔들리는 버드나무를 양楊이라고 한다. 예) 수양垂楊, 백양白楊

枝(가지 지) 지支( )는 작은 나뭇가지(十)를 손(우又[부30])에 쥔 모습. 줄기에서 갈라진다는 뜻으로 지支가 쓰이자 목木[부76]을 더해 지枝를 만들었다. 예) 지엽枝葉, 지지支持

유기농 말고 생태농업

수십 년 전부터 '웰빙well-being' 열풍이 불면서 유기농 식품이 인기를 끌고 있다. 식품뿐 아니라 각종 생활용품도 환경보호와 지속 가능한 성장을 위해 유기적 제품을 쓸 것을 요청받고 있다. 그래서 대기업들도 유기농업 혹은 유기적 제품 생산에 몰두하고 있다. 그런데 유기농업 혹은 유기적이란 말이 확실하지 않은 면이 있다. 단순히 화학비료와 농약을 치지 않은 제품이 유기농 식품 인증을 받아 시장에서 팔리고 있는 것이 현실이다.

유기有機라는 말은 생활 기능機能이 있는 것을 말한다. 한마디로 신체 기관이 기능을 가지고 있거나 각 신체 기관이 생활하기 위해 밀접하게 연관된 존재를 유기체라 하는 것이다. 결국 생명체를 말한다. 그렇다면 유기농업이란 생명체를 활용하여 재배된 농업 생산물이어야 한다. 그렇지만 현실은 농약과 화학비료를 쓰지 않으면 유기농 인증을 해준다. 대자본을 투자하여 삼림을 훼손하고, 대규모 농장을 지어 첨단 기계를 이용하여 수확하는 것도 유기농 인증을 받을 수 있다.

"진정한 유기농이란 종자부터 농부가 직접 채종採種하여 사용하는 것이며, 농사를 지을 때 자연 에너지를 이용한 동력과 농기구를 사용하는 것을 이른다. 농부, 식물, 그리고 땅이라는 삼각구도에서 서로 유기적인 순환을 이루는 농사, 즉 농부가 배출하는 각종 유기물—음식물 쓰레기와 분뇨—이 식물의 거름이 되고, 그것을 먹고 자란 식물이 소비자의 입으로 들어가는 순환 농사를 일컫는 것이다."

『숲과 들을 접시에 담다(약이 되는 잡초음식)』에 나온 말이다.

현실은 유전자 조작 작물을 농약과 화학비료 없이 재배해도 유기농이 된다. 이런 혼란을 없애려면 유기농업이란 개념보다 자연농업, 생명·생태농업, 혹은 인문농업이 더 적당하다.

有(있을 유)
고기(육肉[부131])를 손(우又[부30])에 들고 신에게 권하는 모습. 侑(권할 유)와 관련이 있다. '있다, 가지고 있다'의 뜻. 예) 유익有益, 소유所有

機(베틀 기)
창(수戌)에 실 장식(사絲)은 붙인 기幾는 왕이 암행어사 등에게 내리는 기구. 이를 가지고 기미幾微를 살피고 사람들을 기찰譏察한다. 이렇게 특수한 작용을 하는 틀을 기機라 한다. 특별한 일을 할 수 있는 상황을 만난 것이 기회機會. 예) 기계機械, 천기天機

農(농사 농)
곡曲은 전田[부103]과 초艸[부141]의 조합. 이를 조개껍질(신辰[부161])을 이용해 밭을 매는 데 썼다. 신辰[부161]은 무명조개(신蜃)가 발을 내밀고 움직이는 모습. 예) 농민農民, 소농小農

함수는 자연수나 정수와 같은가?

진秦나라 환관 조고趙高는 시황始皇의 적자인 부소扶蘇를 자살하게 만들고 막내 호해胡亥를 2세로 세웠다. 그리고 자신의 권세를 시험해 보고자 호해에게 사슴을 가리켜 말이라고 한다. 그리고 황제가 자신의 말이라면 무엇이든지 믿게 만들었다.

교육열이 유난히 높은 한국인은 고등수학에 나오는 함수函數라는 말을 대개 안다. 나는 처음 이 말을 듣고 자연수나 정수처럼 특정한 수를 가리키는 줄 알았다. 그런데 이 말이 가리키고자 하는 내용은 수가 아니라, 두 집단의 특별한 관계를 공식으로 나타내는 것이었다.

서양의 언어가 대부분 문호를 일찍 개방한 일본인에 의해 번역되었는데, 특이하게 함수를 나타내는 'function'은 중국인이 번역했다. function을 그대로 발음하여 '한슈函數'라고 했는지 아니면 변수를 포함(函)하는 수식(數)의 의미로 그렇게 썼는지 모르겠지만, 함수函數라는 말은 그 의미를 충분히 담지 못하고 있다.

그래서인지 중국에서는 함수 대신에 인변수因變數, 일본에서는 관수關數라고 한다. 내 생각엔 두 집단이 관계를 이루는 특별한 형식이므로 관식關式이라는 이름이 어떨까 싶다.

우리는 수가 아닌 것을 수라고 하는 데도 이를 용인해 왔다. 말馬이 아닌데도 말이라고 주장하는 조고의 말을 의심 없이 믿는 것과 같다. 정명론正名論을 주장한 공자의 말이 아니더라도 실체와 부합하는 이름을 짓는 것은 혁명만큼이나 위대하다. 공자는 임금이 임금답고 신하가 신하다워야 한다고 말하고 행동했다(君君, 臣臣). 대통령이 대통령답지 못해서 탄핵당한 경우도 있지 않았던가? 그러기 위해서는 이름과 실체가 부합하는지를 늘 살펴야 한다.

函(함 함)	본래 자는 함圅( )으로 화살을 넣은 상자의 모습. 예) 사서함私書函, 밀함密函
數(셈 수)	여자(녀女)의 머리를 묶어 높이 세운 모습. 루婁에 손에 가지를 들고(복攵) 어지럽히는 모습이 수數. 여자를 꾸짖을 때 그 머리카락을 때려 헝클어뜨렸다. 어지럽게 흩어져 수가 많은 데서 '셈하다'는 뜻이 나왔다. 계산은 필연적인 결과를 낳으므로 운수運數의 뜻도 있다. 예) 산수算數, 분수分數

영지를 횡탈해서, 횡령

심심찮게 공금 횡령 사건이 보도된다. 공금을 포함하여 남의 재물을 불법으로 차지하는 것을 일컬어 횡령이라 한다. 다른 사람이 잃어버린 물건이나 잘못 보낸 돈을 가져다 써도 횡령이 된다.

횡령橫領은 다른 말로 '가로채다'는 뜻이다. 횡橫이 '가로', 령領이 '받아들이다'는 뜻이 있으니 '가로채다'는 뜻이 이해된다. 그런데 어떻게 '가로'라는 말이 남의 점유를 방해하여 맘대로 자기 것으로 한다는 뜻을 가졌을까 의문이다. 또 고개나 목(領)이 어떻게 '받아들이다'라는 뜻을 갖게 되었는지도 궁금하다.

세로를 의미하는 종縱에는 '따르다'는 뜻을 갖는 종從이 포함된다. 세로는 순종·통합·연결을 상징하는 반면 가로는 불복·단절·부정을 상징한다. 그래서 횡포橫暴·전횡專橫과 같은 말이 생겼다. 횡령도 이런 맥락에서 이해할 수 있다.

반면 고개(령領)를 세로로 끄덕이는 행위는 수긍하고 받아들이는 의미가 된다. 고개를 가로저으면 물론 부정과 거절을 의미한다.

령領에 포함된 영令은 사제가 고깔을 쓰고 무릎 꿇고 앉아 신의 명령命令을 받아들이는 모습이다. 그래서 령領에 영수領收와 지배支配의 의미가 생겼다. 그런데 이렇게 순종적으로 받아들이는 의미를 가진 령領을 불법적인 의미의 횡령에 쓰는 것은 적당하지 않다. 정확히는 횡탈橫奪이라고 해야 한다.

횡령이란 말은 일본인이 만들었다. 일본은 과거 봉건제 국가로 다이묘(大名)라는 영주領主가 각 지방을 다스렸다. 영주가 다스린 땅이 영지領地였다. 각지의 영주들은 다른 영지를 무력으로 빼앗는 일이 빈번하였고 이 행위가 횡령, 즉 다른 영지를 횡탈하는 의미였다. 이후 영지만이 아니라 다른 물건을 무단으로 절취하는 것까지 횡령으로 불리게 되었다.

橫(가로 횡) 황黃(누를 황)은 몸에 걸치는 패옥佩玉( )의 모습. 문짝에 가로로 걸치는 빗장(木)이 횡橫의 본래 의미. 가로지르는 데서 '거스르다', '제멋대로 하다'는 뜻이 생겼다. 예) 횡단橫斷, 종횡 縱橫

領(고개 령) 령令(명령 령)은 고깔을 쓴 채 고개를 숙이고 신의 명령命令을 받는 모습. 예관을 쓴 사제를 나타내는 혈頁을 더한 령領은 고개를 숙이고 신의 명령을 받아 들이는 모습이다. 명령과 관련하여 지배의 뜻도 생겼다. 그래서 령領에는 '고개·지배·영수'의 뜻이 있다. 예) 영역領域, 점령占領

8

생각을 담은 말

관계를 맺어 나가는 행위, 구매

멕시코의 시장 좌판에서 양파를 팔던 인디언 노인에게 한 미국인이 전부 다 팔라고 하자, 노인이 거절하며 이렇게 말했다.

"나는 양파를 팔러 나온 것이 아니라 내 소중한 일상을 살러 나온 거요."

인디언 노인에게 양파는 이를 사는 사람들과 하루 종일 이런저런 사는 이야기를 나누는 매개체인 셈이다.

상품을 사고판다는 것은 결국 상품을 매개로 사람들과 관계를 맺어 나가는 것이다. 자본주의가 지배적인 사회에 살다 보면 이 점을 망각하기 쉽다. 좋은 물건을 싸게 사는 것은 좋은 구매 행위이긴 하지만 그것만으로는 부족하다. 구매 과정에서 좋은 인간관계를 맺는 기회를 놓친다면 가장 중요한 것을 챙기지 못한 것이다.

인터넷이나 대형 마트에서 물건을 사는 일이 어쩔 수 없는 현실이긴 하지만 아쉬움이 남는다. 물건을 구매購買할 때의 구購는 이런 의미를 담고 있다. 구冓의 옛 자형을 보면, 위아래로 같은 모양의 끈 장식을 걸어놓은 모습이다. 그래서 구構는 나무로 '걸다'라는 뜻을 갖는다. 잘 쓰이지 않는 글자이지만 구媾(화친할 구)는 매파(女)를 통해 남녀가 함께 하는 모습이어서 '혼인하다'는 의미가 있다.

그렇다면 구購란 화폐(패貝부154)를 통해 사람이 함께하는(구冓), 다시 말해 관계를 맺는 것으로 이해할 수 있다. 동네 이웃 아저씨 혹은 아주머니가 운영하던 서점, 구멍가게, 빵집 등이 사라지고 프랜차이즈나 대형 마트, 인터넷 쇼핑몰 등이 그 자리를 대신하고 있다. 상품을 매개로 사람 간의 관계 맺음이 점점 힘들어지고 있는 것이다.

그렇더라도 아직 남아있는 이웃 가게가 있다면, 주인아저씨나 아주머니와 말문을 열어 살아온 이야기를 나누며 착한 소비를 하는 것이 어떨까.

購(살 구)   구冓(🐟)는 위아래로 실을 엮어 만든 매듭의 모습. 본래 뜻은 사람 간의 화친(구冓)과 속죄를 위해 지급하던 배상금의 의미였다가 돈을 주고 구하는 일을 가리키게 되었다. 예) 구독 購讀, 구판장購販場

買(살 매)   조개(패貝부154) 등을 사서 그물(망부罒)에 저장한다는 뜻. 예) 불매不買, 매수買收

신이 그대와 함께 하기를, 굿바이

'굿바이'가 우리말이라고 하면 의아할 수 있겠다. 또 그냥 아무 생각 없이 작별 인사로 생각할 수도 있다. 나는 외래어라도 토착화되면 우리말이라고 생각한다. 물론 토박이말이 있다면, 그것을 애용愛用하는 것이 좋다.

그런데 토박이말이라도 옛날에는 외래어였을 수 있다. 이를테면 아궁이는 인도·유러피언 계통의 아그니(불의 신)에서 유래한 말이 시간이 흘러 토박이말이 되었다. 나는 외래어라도 의미나 스토리가 있다면 채용해도 좋다고 생각한다. 이를테면 아궁이는 본래 신성한 불의 신이었고 조왕신(부엌신) 등과 어울려 부엌이 신성하고 중요한 공간임을 일깨우는데 유익하다.

굿바이Good bye를 흔히 "잘 가"정도로 이해하지만 온전한 뜻은 "신이 그대와 함께하기를(God Be With You)"에서 with you가 생략된 형태다. 그래서 나는 "잘 가"보다 "굿바이"가 더 간절하고 깊이 있는 말이라 생각한다. 한자로는 "안녕安寧"에 가깝다.

두 글자 모두 사당(宀)에서 신의 보호를 받아 평안平安하고 강녕康寧

하다는 의미가 있다. 따라서 『굿바이 게으름』, 『굿바이 나른함』과 같은
책 제목은 좀 어색하다. 게으름과 나른함에 신의 가호加護를 빌다니
말이다.

또 갓(God)은 무당이 벌이는 굿과도 관련이 있다. 무당이 하는 굿의
핵심은 신을 불러, 신의 도움으로 인간의 문제를 해결하려는 것이다.
굿의 핵심은 갓(God)이다. 결국 무당이 하는 굿도 외래어였다가 토박
이말이 된 것으로 추정된다.

安(편안할 안)　시집온 신부(녀女무3소)가 신랑 조상의 위패를 모신 사당(면宀무4)에
서 의례를 행하는 모습. 술로 사당을 정화하고 조상의 영靈을 받는 의
례(사당치레)를 함으로써 가문의 평안을 기할 수 있었다. 예) 안식安息,
치안治安

寧(편안할 녕)　사당(면宀무4)에서 제탁(정丁) 위 그릇(명皿무109)에 심장(심心무6)을
바치고 제사를 지내 강녕康寧을 구하는 의례. 예) 정녕丁寧, 영세寧歲

동양과 서양의 근본적 차이

엄밀하게 구별 짓지 않는다면, 동양과 서양은 크게 헷갈리는 말이 아니다. 대충 말해서 동양은 아시아, 좁게는 동아시아 한자문화권이고 서양은 구미歐美 기독교 문화권을 일컫는다. 그렇다면 동양과 서양이라는 지리적 차이가 어떻게 문화와 생각에 영향을 미쳤을까?

동양과 서양은 피부색으로 이야기하면 황인종과 백인종이다. 백인이라는 사실은 무엇을 의미할까? 대부분 생명체와 마찬가지로 사람도 햇빛을 받아 에너지로 활용한다. 그런데 햇빛이 부족한 곳의 사람들은 빛의 투과율을 높이기 위해 멜라닌 생성량이 적다. 그래서 피부가 밝다. 즉 백인은 일조량이 적은 열악한 자연환경에 살았다는 이야기다. 그들은 자연의 흐름대로 살다가는 추위와 굶주림으로 생존하기가 어려웠다. 그래서 자연을 개량하고 정복하는 것이 생활화되었다. 자연만이 아니라 이웃을 정복하여 약탈하는 일도 일상이었다. 자연보다는 인간, 이웃과 더불어 사는 공동체보다는 개인을 중시했다. 그 풍토에서 기독교라는 유일신을 믿는 종교가 결합하였다. 하나님의 형상대로 창조된 인간이 가장 귀중한 존재이며, 자연은 인간을 이롭게 하는 정복과 개발의 대상이었다. 여기에 더하여 유일신 사상은 공동체보다 개인을 중시해야 한다는 생각을 낳았다.

반면 우리와 같은 황인종, 동아시아인은 사계절의 순환 속에서 적당한 일조량을 받으며 천혜의 자연조건에서 살았다. 그래서 일조량이 적은 백인과 일조량이 과다한 흑인 사이의 피부색을 가지고 있다. 씨를 뿌리면 나머지는 대부분 자연이 알아서 해주었다. 기다림과 자연을 향한 감사의 문화가 정착되었다. 인간은 자연의 일부이며 이웃과의 협력이 중요했다. 마을마다 신이 달랐으며, 다른 신을 믿는 사람들을 존중했다.

동양과 서양의 지리적 차이는 사실의 차원이다. 하지만 가장 큰 실질적 차이는 자연에 대한 태도와 행동에 있다.

東(동녘 동)	물건을 싸는 자루의 모습이지만, 가차假借하여 동쪽 방위를 나타낸다. 예) 동풍 東風, 해동성국海東盛國
西(서녘 서)	거칠게 짠 바구니의 모습이지만, 가차하여 서쪽 방위를 나타낸다. 예) 서유기西遊記, 호서湖西
洋(큰 바다 양)	양羊( )은 양을 앞에서 본 모습. 군집群集생활을 하며 널리 퍼져 이동하면서 살기에 이를 너른 바다(수氵부)에 빗대어 양洋이라 한다. 바다 건너 서양에서 온 물건 앞에도 양복洋服처럼 양洋을 붙인다. 예) 태평양太平洋, 양말洋襪

신의 가호가 있는 곳, 명당

명당은 후손에게 장차 좋은 일이 많이 생기게 된다는 묏자리나 집터를 일컫는다. 풍수지리에서 주로 쓰이는 말이지만 어떤 일을 하기에 좋은 자리로도 쓰인다. 좋은 물건을 명품名品이라 하듯이 좋은 자리가 명당이므로 언뜻 명당名堂이라 할 것 같지만 실은 명당明堂이다. 조승우가 주연으로 나온 영화 '명당'에서는 조선 말기 흥선대원군과 장동 김 씨 가문의 명당을 둘러싼 갈등을 그리고 있다.

구시대에는 명당을 차지하는 것이 권력을 얻어 세상을 얻을 것이라 믿었다. 현대에도 정치인이 되고자 하는 사람들이 명당을 찾아 조상의 묏자리를 옮긴다는 소식을 심심치 않게 듣는다. 그런데 왜 산 사람이나 죽은 사람에게 좋은 터를 가리키는 말을 명당明堂이라 했을까? 그 해답은 명明 자를 제대로 이해해야 알 수 있다.

명明자는 흔히 해(日)와 달(月)이 함께 있어 '밝다'는 뜻을 가진 것으로 알고 있다. 그러나 일日은 본래 창문의 모습을 가리키는 경囧 자였다. 따라서 명明은 창문 사이로 빛이 들어오는 모습을 나타낸다. 고대 중국의 황토지대에서는 지하에 거실을 만드는 경우가 많았다. 가운데에 네모난 방을 만들고 사방에 횡혈식橫穴式 거실을 만들었다. 창은 가운데 네모난 방으로만 접하는데 그곳으로 빛이 들어온다. 그 장소가 신을 맞이하는 곳이다. 그래서 들어오는 신을 신명神明이라 불렀다.

그 장소가 명당이나 묘지의 원형을 이루는 것이다. 명당이란 곧 신명을 맞이하여 제사를 지내는 곳이다. 신명이 당도하는 장소이니 곧 복을 가져다주는 길지吉地가 된다. 고대에는 또 임금이 조회朝會(모든 관리가 조정에 나아가 임금을 뵙던 일)를 받던 정전을 명당이라 일컫기도 했는데 이도 횡혈식 명당이 중심을 의미하기 때문이다.

明(밝을 명 明)	일日은 본래 창문의 모습인 경囧이다. 창(囧) 사이로 달빛(월月)이 들어오는 모습이 명明으로 신명神明을 뜻한다. 달빛이 들어오는 곳이 신을 맞이하고 제사를 지내는 곳이다. 예) 유명幽明, 명암明暗
堂(집 당 堂)	상尚(尙)과 토土의 조합. '숭상하다'는 뜻을 갖는 상尙은 창문(향向) 근처에 신을 맞이하여 제사를 지낼 때 그곳에 신기神氣(팔八)가 나타난 모습이다. 그처럼 제사를 지낼 수 있도록 흙으로 쌓은 단을 당堂이라 한다. '향하다'는 뜻을 갖는 향向은 창(경冂) 아래 신줏단지(구부 口←U)를 둔 모습으로 그 창을 향해 제사를 지냈다. 예) 당당堂堂, 식당食堂

사랑의 어원

테니스 경기에서는 점수를 매기는 방법이 특별하다. 0점을 러브 love, 1점을 피프틴fifteen, 2점을 서티thirty, 3점을 포티forty라고 한다. 15의 배수로 각 포인트를 부르다가 3점이 40이 된 이유는 명확하지 않다. 다만 0점을 뜻하는 러브는 달걀을 뜻하는 프랑스어의 로푀l'oeuf 에서 유래된 것으로 추측되기도 한다.

러브, 즉 사랑은 절대적이다. 상대방이 이만큼 해주니 나도 이만큼 해주는 거래가 아니다. 보상이 없어도 사랑은 무조건 베푸는 것이다. 테니스에서 러브가 0을 뜻하는 것도 이와 관련이 있는 것은 아닐까.

러브가 0이라는 것은 곧 사랑이 무조건이라는 의미로 들린다. 사랑이 한자어가 아니라면 영어의 love(사랑)가 live(삶)와 어원적으로 관련이 있듯이 '살다'에서 '사랑'이 파생되었을 것으로 추정한다. 사랑하기 위해 사는 것이고 그렇지 않은 삶은 헛된 욕망의 시간이 된다. 어원적으로 삶이 곧 사랑이다.

사랑이 한자라면 아마도 사량思量에서 비롯되었을 것이다. 다른 존재를 사려思慮하고 헤아려 아량雅量을 베푸는 것이다. 이를테면 송강

정철이 지은 『사미인곡思美人曲』은 단순히 미인(임금)을 생각하는 것이 아니라 사모 내지는 사랑한다는 의미다.

사랑을 뜻하는 한자 애愛도 사람이 뒤를 돌아보는 모습에 심心을 더하고 있다. 마음에 담고 살펴본다는 의미다. 집안과 학벌과 재력을 따져 배우자를 고른다면 그건 사랑이 아니라 거래다. 삶의 핵심적인 구성요소가 소외된 것이다.

思(생각할 사)	정수리를 뜻하는 신囟(←田 ⊗)과 심心^{부62}의 조합. 머리와 마음으로 생각한다는 의미. 고대인은 생각을 심장에 있는 마음의 기능으로 보았다. 생각을 나타내는 상想이나 념念은 모두 심心^{부62}을 포함한다. 사思는 뇌의 작용까지 포함하므로 생각의 합리적인 측면을 가리킨다. 예) 사상思想, 사념思念
量(헤아릴 량 ⚱)	깔때기(日)가 있는 포댓자루(東) 아래 저울추(土)가 달린 모습으로 곡식의 무게(량糧)를 다는 모양. 예) 계량計量, 양형量刑
愛(사랑 애)	뒤를 보고(기旡 ⸙) 서서(치夂^{부36}) 생각(심心^{부62})하는 모습이 애愛. 애忢가 본래 글자였다. 예) 자애慈愛, 애호愛好

신의 소명, 생명

생명이 무엇인가 물어보면 대개 목숨이라고 한다. 숨 쉬는 것이 살아 있는 징표徵表이고, 숨이 끊어지면 죽는 것이므로 목숨(목으로 쉬는 숨)은 제법 적당한 말이다. 그러나 이것이 생명은 아니다. 생명은 생生과 명命의 결합이며 서로 다른 내용을 갖는다.

생生 자는 초목草木이 무성하게 자라는 모습이므로, 신진대사를 하는 생물生物을 가리킨다. 그러나 명命이란 지금 '목숨'이라 훈을 달지만 본래는 '(신의)명령' 즉, 소명召命을 뜻했다. 명命의 본래 자는 령令으로, 고깔을 쓴 사제가 신의 계시를 받는 모습이다. 거기에 기도문을 담은 신줏단지(구口∰³¹←ㅂ)를 앞에 둔 모습이 명命이므로 이는 신에게 기도를 드리고 신탁을 받는 모습이다.

명命과 령令은 본래 (신이 내린) '명령'이라는 같은 의미의 글자였다. 그래서 생명生命이란 신진대사를 하는 생체生體와 신의 소명召命의 결합이다.

어떤 이유로든 신의 소명이 사라진 생체生體는 망명자亡命者라 했다. 지금은 각종 박해를 피해 다른 나라로 피신한 자를 가리키지만, 본래는 소명이나 공동체의 맹세(질서)를 배신하고 쫓겨난 자다. 이런 자들은 조선시대에 멍석말이하여 마을에서 쫓아냈다. 이들을 죽인다고 해서 살인죄로 다루지 않았다. 그들은 이미 명命이 없는 자였기 때문이다. 지금으로 치면 좀비와 같다.

스스로의 삶이 생명生命적 삶인지 좀비적 삶인지 되돌아볼 일이다.

生^{부1이}(날 생 𐤀) 초목이 막 나오는 모습으로 씨앗이 발아하여 생성하는 것을 나타낸다. 새로운 생명이 태어나는 것을 가리킨다. 예) 생물生物, 선생先生

命(목숨 명•명령 명) 구口와 령令의 조합. 신줏단지(구口← ㄥ) 앞에 고깔(집스)을 쓴 사제가 무릎 꿇고(절 卩) 신의 명령을 받는 모습. 본래 신명神命이나 천명天命을 뜻했다. 장수長壽와 요절夭折도 하늘이 정하는 것이라 명命이 수명壽命까지 뜻하게 된다. 예) 혁명革命, 운명運命

일하는 사람들의 소리, 여론

여론輿論과 여론與論은 발음이 같고 한자마저 비슷하다. 어떤 사람은 둘 다 비슷한 말 혹은 같은 말이라 한다.

영어의 'public opinion'을 여론으로 번역하는 데 '사회대중이 공통으로 제시하는 의견'이 국어사전적 정의다. 국어사전에 여론輿論은 있지만 여론與論은 없다. 여론輿論에서 여輿는 수레를 의미한다. 수레가 대중의 의견과 무슨 관계가 있을까? 어떤 여론조사기관의 대표는 수레를 타고 돌아다니면서 대중의 말을 듣기 때문이라는 그럴듯한 의견도 내놓는다. 한때 택시 기사들이 여론을 전파하고 형성하는데 상당한 역할을 한 사실을 기억하면 나름 타당해 보인다. 여輿는 수레를 의미하기도 하지만 수레를 만드는 사람, 수레로 나르는 사람, 즉 수레와 관련된 일을 하는 사람을 가리킨다. 정확히는 여인輿人이라 불렸던 사람들이다. 그래서 여론輿論이란 본래 일하는 사람들의 소리였다.

"옛날에 성현은 비방하는 말이라도 즐겁게 들으며 여인輿人의 소리에도 귀를 기울였다. 풀을 베는 사람이나 나무꾼의 발언에도 기록할 만한 것들이 있다(자고현성自古賢聖, 악문비방지언樂聞誹謗之言, 청여인지

論聽輿人之論 , 추요유가록지사務蕘有可錄之事)."라고 『진서晉書』의 「왕
침전王沈傳」에 기록되어 있다.

국어사전에서 정의하듯 '국민의 공통된 의견'이라기보다는 '일하는
사람들의 의견'이 본래 의미에 가깝다. 한편 여론輿論이란 그 뜻을 확
정하기 쉽지 않다. 국어사전에도 나오지 않는 데 쓰는 사람들이 있다.
다만 여輿에 동아리의 뜻이 있으므로 '한 무리의 의견'이라 할 수 있겠
고, 정권에 참여參輿한 '여당輿黨의 의견'이라 할 수도 있다.

우리는 시시각각 변하는 여론조사를 들으며 산다. 그에 따라 희비喜
悲가 엇갈린다. 그러나 여론은 조사기관의 의도와 대상에 따라 달라지
는 경우도 많으니 일희일비할 일은 아니다. 다만 본래 여론의 뜻대로
일하는 사람들의 의견이 중요하게 반영되었으면 한다.

輿(수레 여 𦩘)	사방(여舁)에서 손을 올려 수레(거車☞159)를 든 모습. 예) 상여喪輿, 대동여지도大東輿地圖
與(줄 여)	두 개의 상아를 합친 것(여与)을 사방(여舁)에서 들어 나르 는 모습. 귀한 것을 함께 들어 나르는 데서 '함께하다', 날 라서 다른 곳으로 옮기는 데서 '주다'는 뜻이 있다. 예) 증 여贈與, 급여給與
論(논의할 론)	륜侖(龠)은 죽간 등을 묶어 둥글게 만 모습. 그래서 순서 대로 전체를 통합하는 뜻이 있다. 사람들이 모여 질서 있 게 말(언言☞150)하면서 의견을 통합하는 것이 론論. 예) 논의論議, 토론討論

위험이 낳은 기회, 위기

보통 위기에 처했다고 하면 절망감이 든다. 주로 지도자가 죽거나, 부도를 맞거나, 병이 들어 죽을 고비에 처했을 때 쓴다. 국어사전에서도 보통 '위험한 시기나 고비'라고 한다.

나는 예전에 위기를 '위험한 시기'로 이해해서 한자가 위기危期일 것이라고 생각했다. 그러나 실제로는 위기危機였다. 위험을 뜻하는 위危와 기회를 의미하는 기機의 조합이다. 당황하기도 했지만 신기하기도 했다. 그냥 위험한 상황이라고만 이해했던 단어 속에 기회라는 의미도 함께 있었다.

위기란 '위험이 낳은 기회'라는 뜻이다. 선택에 따라서 파국을 맞이하거나 새로운 기회를 만드는 갈림길이 위기인 셈이다. 어쩌면 위험보다는 기회에 방점이 찍혀 있다. 고대인의 놀라운 지혜에 감탄하지 않을 수 없다.

살아가면서 위기를 경험하지 않은 사람이나 집단은 없다. 국어사전의 정의대로라면 절망감을 느낄 수밖에 없다. 그러나 본래 위기라는 말의 의미를 곱씹으면 새로운 희망을 발견할 수 있다.

위기를 뜻하는 영어 'crisis'도 위기와 유사한 뜻을 담고 있다. 의학 용어로 병이 좋아지거나 나빠질 수 있는 결정적인 순간을 뜻했다고 한다. 위기危機 혹은 crisis를 '위험한 국면'으로만 이해해서는 곤란하다. 지금까지 언어교육이 본질은 외면한 채 표피적인 뜻만 가르쳤는지도 모른다. 그러니 위기라 해서 절망할 필요는 없다.

말 한마디가 천 냥 빚을 갚는다는 속담이 있다. 또 말 한마디가 인생을 바꾸기도 한다.

危(위태할 위)　절벽(엄厂 부2획) 위와 아래로 사람(인人 부9획, 절민 부27)이 있는 모습을 통해 '위험하다'는 뜻을 나타내고 있다. 예) 위난危難, 안위安危

機(베틀 기)　창(수戍)에 실 장식(사絲)은 붙인 기幾는 왕이 암행어사 등에게 내리는 기구. 이를 가지고 기미幾微를 살피고 사람들을 기찰譏察한다. 이렇게 특수한 작용을 하는 틀을 기機라 한다. 특별한 일을 할 수 있는 상황을 만난 것이 기회機會. 예) 기계機械, 천기天機

주식을 주식으로 삼지 말자

지금의 청년 세대는 근로소득만으로 충분한 돈을 벌기 힘들어서인지, 과거 주식主食을 챙기듯이 주식株式 투자에 나서고 있다. 주식株式으로 주식主食을 버는 사람도 있겠다. 그런데 그루터기를 뜻하는 주株가 어떻게 출자한 지분을 가리키는 주식이 되었을까?

그루터기는 나무를 자른 후에도 계속 남아있는 밑동을 가리킨다. 그래서 어떤 지위나 신분이 세습 등에 의해 계속 유지되는 것을 주株라고 한다. 또 공동의 권리를 확보하기 위해 결합한 사업자들이 출자하여, 그 지분만큼 갖게 되는 권리 혹은 그 방식을 주식株式이라 부르게되었다. 주식은 여러 명이 모여 나무를 심은 만큼(株) 권리와 의무를 갖게 되고, 그 권한이 세습되는 것으로 생각해도 무방하다. 다시 말해 출자한 지분 비율에 따라 권리가 주어지는 것을 '주식'이라 한다. 보통 '주식을 산다'고 하지만 정확히 말하면 '주권'을 사는 것이다.

그루터기와 관련된 유명한 고사성어가 수주대토守株待兔다. 어떤 농부가 우연히 그루터기에 걸린 토끼를 발견했다. 토끼를 얻은 농부는 힘들여 농사를 짓기보다 그루터기에 걸리는 토끼를 기다리기로 했다.

하지만 그 후 토끼는 오지 않았으며 농부의 삶은 말할 것도 없이 궁핍해졌다는 이야기다.

청년 세대가 주식에 투자하는 일이 수주대토와 같이 오히려 더한 가난을 촉발할 수도 있다. 주식株式을 주식主食으로 삼지 않았으면 한다.

株(그루 주) 주朱(붉을 주)는 나무(목木^{부76})의 가운데 지점(별丿^{부4})을 표시한 모양. 주사朱沙를 뭉쳐 나무를 대고 쪄서 수은을 분리해 붉은 염료를 뽑는 아말감 정련 방법을 나타낸 것으로 생각된다. 주株는 땅 위에 있는 나무의 밑동 가운데 부분이고 땅속에 있는 것이 根(뿌리 근)이다. 예) 주주株主, 분주分株

式(법 식) 무녀가 왼손(좌左)에 쌍주령(공工^{부49})과 주살(익弋^{부57})을 들고 규범에 따라 행하는 의례의 모습에서 규범 혹은 법을 의미한다. 주살(弋)은 새를 죽이는 데 사용하므로 시弑(죽일 시)처럼 상대방을 죽음에 이르게 하는 저주 의례일 수 있다. 예) 법식法式, 요식要式

　인문학이 유행이다. 사람들은 부동산과 주식에 영혼을 끌어모아 투자한다. 그런데 영혼이란, 올바른 삶이란 과연 무엇인가? 이를 고민하는 사람들은 인문학에 '투자'한다.

　그렇다면 인문학이란 무엇인가? 막연히 예술, 문학, 역사, 철학 등을 떠올린다. 혹은 자연과학과 사회과학, 그리고 예술에 대비되는 개념으로 인문학을 떠올리기도 한다. 인문학은 학문의 분류체계일 수 있지만 근본적으로는 '세상을 보는 태도'다.

　고대에는 세상이 하늘과 땅, 그리고 그 안에 사람이 있고 이 셋은 서로 조화를 이루어야 한다고 생각했다. 세상에는 질서가 있는데 하늘의 질서는 천문天文, 땅의 질서는 지리地理. 그리고 천문과 지리에 따라 조화롭게 사는 사람들의 질서를 인문人文이라 했다. 하늘의 별자리처럼 변화가 있는 질서를 문文, 산과 강처럼 비교적 변화가 없는 땅의 고정적인 질서를 리理라 한다.

　사람은 아무래도 하늘과 땅의 변화에 조화롭게 적응하며 살아야 하기에 인문人文이라 칭했다. 여기서 인문이란 사람들이 자연과 분리되어 독자적으로 사는 것이 아니다. 더구나 자연을 파괴하고 인간의 이익만을 고집하는 것도 아니다. 따라서 자연과학이나 공학도 인문학이 될 수 있다.

자연에 해를 끼치지 않으면서 오히려 자연과 함께 할 수 있는 과학과 공학을 발전시킨다면 그것도 인문학이 된다. 자연과 괴리된 인간의 이기적 삶을 지향하는 것이라면, 그것이 철학이든 문학이든 인문학이 아니다. 오히려 자연과 공존을 모색하는 공학과 과학이 더 인문적이다.

人・亻(사람 인·인 변: 𠆢)

사람의 옆모습. 사람의 형체, 성품 또는 행위를 표시한다. 예) 인간人間, 성인聖人.

文(글월 문: ○ �文)

가슴에 ♡ · V · X 등의 문신을 한 모습. 본디 文身문신을 의미. 문신은 탄생, 성인식, 죽음과 같은 통과의례에서 주로 행해진다. 예) 문학文學, 논문論文

힐링이 유행이다. 낯선 곳으로 떠나는 여행, 입안을 감동시키는 맛집을 찾는 일 모두 힐링을 위해서다. 영어 힐링healing은 본래 신성함holy 그리고 온전함whole과 관련있다. 사람들은 치열한 생존경쟁 속에서 벗어나 성스러운 곳에서 온전함을 회복하려 한다. 힐링에 해당하는 말이 치유 혹은 치료다.

치료와 치유가 모두 병을 낫게 하는 것임은 틀림없지만 치유는 마음과 관련하여, 치료는 몸과 관련하여 쓰는 경향이 있다. 이를테면 '치유의 숲'이라고 하지 '치료의 숲'이라고는 하지 않는다. 그러니까 의사를 만나지 않고 피로를 풀거나 마음의 상처를 회복하는 것을 주로 '치유'라는 말로 표현한다. 반대로 몸이 아파 병원에 가서 받는 의료醫療행위는 주로 '치료'라고 한다. 그렇다면 치유治癒와 치료治療는 어떤 차이가 있을까? 차이가 있기는 한 것일까?

먼저 치유治癒를 살펴보면, 유癒에 있는 유愈는 바늘로 피부를 찔러 고름을 빼서 그릇에 담는 모습이다. 그렇게 고름을 빼내 기분이 유쾌愉快한 상태가 유愈다. 그러니까 유癒는 외과적 수술을 통해 병을 고친다는 뜻이다. 반면에 치료治療의 료療는 본래 료瘵였다. 녁疒과 락樂의 조합인데 락樂은 샤먼이 쓰는 방울의 모습이다. 그래서 치료治療는 샤먼이 굿을 통해 치병治病하는 데서 시작되었다. 원인을 알 수 없는 전염병이나 정신병 등은 귀신의 작용이라 믿어 치료의 방법을 택했다. 오늘날에는 료瘵에 포함된 락樂에 주목해서, 즐겁게 사는 것이 치료의 지름길이라 생각해도 무방하다. 병을 낫게 하는 지름길은 결국 발전된 의술(유癒)과 환자의 낙관적樂觀的 태도(유瘵), 곧 치료와 치유가 결합했을 때다. 아무튼 지금 쓰고 있는 (정신적) 치유라는 말은 본래 치료, (육체적) 치료라는 말은 본래 치유에 해당한다.

治(다스릴 치) 태台는 쟁기(사厶 부29)에 깃든 병충해 등 나쁜 기운을 정화하기 위해 신줏단지(口 부31←∪)를 놓고 치르는 의례 모습. 농사를 시작하는 의례이며 농사를 위해 물(수氵 부80)을 다스리는 것이 치治. 예) 정치政治, 치산치수治山治水

療(병 나을 료) 본래 자형은 료瘵. 고인돌 등 침상에 누운 환자(녁疒 부105) 앞에서 샤먼이 쓰는 방울(락樂 ♈)을 들고 치병 굿을 하는 모습이 료瘵였다. 나중에 락樂 대신에 발음 역할을 하는 료尞를 썼다. 예) 요기療飢, 진료診療

癒(병 나을 유) 녁疒 부105과 유愈의 조합. 고인돌 등 침상에 누운 환자(녁疒)를 두고 침(여余 ♈)을 찔러 고름을 그릇(月←명皿 부109)에 담아 마음(심心 부62)까지 유쾌愉快해지는 모습. 예) 유착癒着

바람의 습관? 풍속

풍속風速과 풍속風俗이란 말이 있다. 전자는 '바람의 빠르기'라는 뜻인데 그렇다면 후자는 '바람의 습관'일까? 『고려대한국어대사전』에서 "옛날부터 그 사회에 전해오는 생활 전반의 습관이나 버릇 따위"를 이르는 말이라 한다.

풍속風俗에 바람을 뜻하는 풍風이 들어가 있지만, 이는 바람이 아니라 '그 사회'를 뜻한다. 어찌 된 일일까? 이 의문을 풀려면 고대 신화의 세계로 여행을 떠나야 한다.

고대에는 하늘에 천제天帝가 있고 그 밑에 동서남북 사방四方을 다스리는 방신方神이 있다. 불교에서 말하는 사천왕과 닮은 데가 있다. 또 방신은 그 지방의 구석구석을 살피기 위한 사자使者로, 각기 다른 이름의 풍신風神을 두었다. 그 풍신이 각 지방을 다니며(풍행風行) 풍기風氣와 풍토風土를 만든다. 또 사람이 그 기운을 받아 풍모風貌과 풍격風格을 이룬다. 그래서 풍風에는 바람이란 뜻 말고 '그 지방의 고유한'이라는 의미가 있다.

뇌졸중이라 하는 중풍中風도 풍신風神이 일으킨 신병이라 생각해서 붙여졌다. 풍風이 들어갔으나 '바람'의 뜻으로 쓰이지 않은 어휘들, 이를테면 풍경風景, 풍치風致, 풍물風物, 풍모風貌 등은 모두 풍風이 '그 지방 고유의'의 의미로 쓰였다.

風(바람 풍)	소리 역할을 하는 범凡과 훼虫[14]의 조합. 바람을 뜻하는 풍風의 본래 자형은 봉鳳으로 새(조鳥[19]) 모습의 신으로 표현되었다. 새 모습의 신으로 묘사된 바람(봉鳳→풍風[18])은 동서남북 사방에 있는 신의 사자로서 각 지역 구석구석 신의 뜻을 전했다. 예) 풍격風格, 태풍颱風
俗(관습 속·저급할 속)	용谷은 신줏단지(구口[31] ←ㅂ) 위에 신의 모습(용容)이 빙삿과 같이 드러나는 것. 이렇게 신줏단지를 통해 신에게 빌고 신이 응답하는 모습이 보통의 풍속이어서 속俗은 관습이나 보통의 뜻을 갖는다. 예) 민속民俗, 속세俗世
速(바를 속)	속束은 땔나무(목木[7])를 띠로 묶은(구口) 모습. 허리띠를 졸라매는 것(속束)은 민첩하게 움직이는(착辶[16]) 것을 의미한다. 예) 쾌속快速, 속도速度

깊고 오묘한 문, 현관

일상적으로 쓰는 현관이란 말은 집 정면에 낸 문간을 가리킨다. 그런데 현관玄關이란 표현이 심상치 않다. 현玄 자는 색이 '검다'는 말이지만 '깊고 오묘하다'는 뜻도 된다. 매일 들락날락하는 가택家宅의 문이 오묘할 까닭이 있을까? 그래서 사전을 찾아보니 불교에서 현관은 도道에 들어서는 문을 가리켰다고 한다.

아! 그렇구나. 그래서 현묘玄妙한 도道, 궁극적인 도道를 가리키는 현玄 자를 문門 앞에 쓴 것이다.

세속에 사는 범인의 집 문이라면 그냥 정문正門이라 하면 될 것을 불교 용어를 빌러 현관玄關이라고 표기한 이유는 무엇일까?

깊은 의미가 있는 불교 용어가 일상 속으로 파고든 예는 헤아리기 어려울 정도로 많다. 아궁이(불의 신 아그니), 건달(음악의 신), 범(최고의 신 브라만) 등 언뜻 보면 우리말 같은 것도 실은 불교에서 전래하였다. 따라서 현관 같은 불교어가 일상에서 평범하게 쓰인다고 이상하게 볼 것은 아니다.

이처럼 본래는 신성한 의미로 받아들여졌지만 세월이 흐르면서 세속어가 되는 일은 흔하다. 그럼에도 불구하고 여염집 문간을 현관이라 쓴 이유는 무엇일까 생각한 적이 있다. 평범한 불자의 집도 현관이 의미하는 것처럼 불도佛道를 닦는 도량이라는 의미도 있었을 것이다.

불교를 넘어서 보통 사람에게도 집 밖은 냉혹한 경쟁이 펼쳐지는 세상이고, 현관을 경계로 따뜻한 사랑이 넘치는 세계가 된다. 집 문간을 사이에 두고 무한경쟁과 절대 사랑, 고단한 노동과 편안한 휴식의 세계가 마주하고 있으니 그 문을 가히 현관이라 불러도 좋다.

玄부0.여(검을 현)　실(요소) 타래를 검게 염색하는 모습으로 해ㅗ부ᅡ는 손잡이 모양이다. 위에 염색되지 않은 부분은 素(흴 소). 고대 염색법에서 세 번 담그는 것을 훈, 다섯 번 담그는 것을 취, 일곱 번 담그는 것을 치라 불렀다. 현玄 자는 치에 가까운데, 그 색상이 깊고 그윽했으므로 유현幽玄이라 불렀다. 예) 현학玄學, 묘현妙玄

關(빗장 관)　門門부.16에 빗장을 댄 모습이 관關. 문門 이외의 글자가 빗장의 모습이다. 관문關門이라는 뜻 말고도 관계關係나 숙소宿所 등의 뜻도 있다. 예) 관건關鍵, 세관稅關

구속에서 벗어나니, 행복

　누구나 행복을 추구한다. 국가도 모든 국민이 행복할 권리가 있다고 인정하며 그 권리를 보호하기 위해 다양한 노력을 한다. 그런데 행복이란 무엇인가?

　한국전쟁을 겪고 지독한 가난에 몸서리쳤던 옛날 세대는 물질적 풍요를 좇아 경제발전에 매진했다. 그 결과 오늘날 비교적 풍요로운 생활을 영위하고 있지만, 행복지수는 그리 높지 않다. 오히려 자살률은 세계 최고이고 젊은 세대는 미래를 걱정하며 결혼과 아이 낳기를 주저한다. 반면에 부탄이나 네팔 등 경제지표로는 후진국으로 분류되는 가난하고 작은 나라의 국민 행복지수가 훨씬 높다.

　행복幸福의 행幸(♠)자는 그림처럼 수갑의 모습을 하고 있다. 수갑을 놓고 행복을 뜻하는 행幸이라고 하니 어울리지 않는다. 행幸 자를 요소로 하는 집執은 '잡다'는 의미가 있다. 집執(♠)은 그림처럼 수갑에 묶여 있는 구속된 상태이기 때문이다. 또 행幸 자를 요소로 하는 보報(♠)는 '갚다'는 뜻인데 죄인을 수갑에 채워 손(又)으로 매질을 가하는 형상이다. 죄에 대한 보복이다. 그렇다면 왜 수갑의 모습이 행복을 뜻하게 되었을까? 아마도 수갑 곧 구속에서 벗어났으니 요행(行倖)이고 다행(행幸)이라 생각한 듯하다.

이처럼 행복이란 절대 기준이 아님을 이야기하고 있다. 상대적이며 비교적이다. 많은 사람이 자신의 처지가 최악의 상황이라 이야기하지만 더 열악한 처지에 있는 사람이 많다. 물질을 좇는 사람은 행복하기 어렵다. 항상 자신보다 많이 가진 사람과 비교하기 때문이다. 물질을 더 모으는 것을 삶의 동력으로 삼을 수 있을지는 모르겠지만 이것으로는 행복할 수 없다.

행복과 불행은 생활의 상태가 아니라 마음의 자세다. 자신의 처지를 위로하고 만족하는 것이 행복의 지름길이다. 반대로 더 많은 부와 명예를 좇는 것은 불행의 지름길이 된다.

幸(다행 행 ⬥) 손에 차는 큰 수갑의 모습. 이를 벗어나거나 피하게 된 데서 행복이나 요행僥倖을 뜻하게 되었다. 예) 행운幸運, 다행多幸

福(복 복 福) 시示와 복畐의 조합. 복畐(🍶)은 하부가 넓은 술병의 모습. 제상祭床(시示)을 두고 신령에게 술(복畐)을 바쳐 복을 구하는 의례를 나타낸다. 제사에 올린 술을 참가자들이 나눠 마시는 것을 음복飮福이라 한다. 예) 복권福券, 축복祝福

9

이해하기 어려운 말

국가의 정체성을 지킨다, 국수주의

한국과 일본은 가깝고도 먼나라다. 두 나라 모두 유구한 역사와 고유문화를 바탕으로 민족적 자긍심이 높은 국민으로 이루어져 있다. 그래서 두 나라가 축구 등 국제경기를 하게 되면, 시쳇말로 국뽕에 취한 팬들이 광란의 응원전을 펼친다. 특히 섬나라인 일본은 동서양 문물을 고루 받아들이면서도 대일본정신이라는, 국수주의 색채가 농후한 이념을 강하게 유지하고 있다.

사실 국수國粹라는 말 자체는 나쁘지 않다. 단어로만 보면 '나라의 순수·정수', 즉 한 국가의 정체성이란 뜻이다. 실제로 이 말을 쓴 한국이나 일본의 지식인들은 국가나 민족의 고유한 정체성, 언어·문화·역사 등 국수를 보존해야 한다고 역설한다.

그런데 국수 보존론이 지나쳐 다른 국가와 민족을 배척하고 억압하는 극단적 경지에 이른다면 국수주의가 되고 만다. 일본은 군사적인 뒷받침이 되면 한국을 비롯하여 여러 나라를 침략한 경험이 많다. 고립된 섬나라이어서 독자적인 정체성, 곧 국수國粹를 지키려는 의욕은 좋으나 다른 국가와 민족과도 선린善隣관계를 유지하도록 노력해야 하는데도 말이다.

한민족은 유사 이래 섬나라 왜인들에게 한자를 비롯한 문자, 문명, 종교 등 다양한 문화를 전해주었다. 그러면서도 힘이 있다고 일본을 정벌하거나 괴롭힌 적이 없다.

한국과 일본 그리고 중국 등 동아시아 3국은 같은 한자문화권으로, 유사한 문화적 정체성을 공유하고 있다. 서구의 분열 정책에 맞서 동아시아 공동체를 이루기 위해 손을 맞잡고 협력해야 서로 국수國粹를 보존하면서 발전할 수 있다.

國(나라 국)   위口(부위 위)와 혹或의 조합. 혹或은 성곽(위口)을 창(과戈부위 위)으로 지키는 모습으로 국國의 본래 글자. 혹或이 나중에 보통의 경계가 있는 域(지경 역)과 국경이 있는 國(나라 국)으로 분화된다. 예) 국방國防, 외국外國

粹(순수할 수)   이물질이 없는 순수한 쌀(미米부위 미)을 수粹라 한다. 졸卒은 죽은 자의 옷깃을 묶는 모습으로, 죽음을 최종적으로 확인하는 의미다. 잡스러운 것으로부터 순수한 것을 따로 묶어 보존한다는 의미가 있다. 예) 수연粹然, 순수純粹

웅크린 시신의 모습, 국지적

대학 입시를 앞둔 지인의 딸이 라디오 뉴스에서 "국지적으로 비가 온다."는 일기 예보를 들었다. 그리고 '국지적'이라는 말이 무슨 뜻인지 같이 있던 내게 물었다.

나는 대답하기를 전체 지역이 아닌 한정된 일부 지역을 뜻한다고 했다. 국局이라는 한자가 제한된 부분을 의미하기 때문에 국지局地라는 말은 일부 특정 지역을 말한다. 한글로 보거나 말로만 듣는다면 참으로 어려운 말이다. 차라리 '일부 지역'이라 하는 것이 더 낫다.

학생들이 학습하는 어휘는 이처럼 생각을 요구하는 개념을 포함하는데, 이를 한글로만 표기한다면 이해하기 곤란하다. 그래서 그 뜻을 암기해 버리는데 그렇게 해서는 국局 자에 포함된 다른 개념을 이해하기 힘들다.

가능하면 자원字源을 살피고, 이후 다양하게 활용된 어휘들을 배우는 것이 좋다. 그래야만 평소 접하지 않은 어휘가 나와도 그 뜻을 짐작할 수 있고, 스스로 새로운 어휘를 만들 수도 있다.

局(판 국 **局**) 척尺은 웅크린 시신의 모습. 보통은 반듯이 누운 자세인 앙신신전장仰身伸展葬을 행하지만 굴지장屈肢葬을 하는 경우도 있다. 웅크린 시신에 신줏단지(구口ᵇᵘ³¹ ←∪)를 놓고 무엇인가 절박하게 촉구하는 모습. 웅크린 모습에서 '줄이다, 움츠리다'는 뜻이 된다. 예) 국부局部, 시국時局

地(땅 지) 본래 글자는 隊(떨어질 추)로 금줄(부阝ᵇᵘ¹⁷⁰)을 친 성역에서 토지신(토土ᵇᵘ³¹)에게 희생 동물(수豙)을 바치는 모습이다. 지地는 추隊를 대신한 형성 문자다. 그런데 야也를 『설문해자』에서는 여성의 성기로 본다. 그렇다면 생산능력(야也)을 가진 땅(토土ᵇᵘ³³)의 의미가 된다. 예) 지질地質, 경지境地

전체를 도맡아 공급하는, 도급

건물을 해체하다가 도로를 달리던 버스를 덮쳐 승객이 죽거나 다치는 사고가 있었다. 그로부터 수개월 지나 고층 아파트가 건설 중 무너져 노동자가 죽거나 다쳤다.

모두 국내 굴지의 건설사가 일으킨 사고였다. 그런데 그 사고를 일으킨 회사는 대기업 건설사로부터 하도급을 받은 중소건설업체들이다. 대기업은 아파트 등 건설공사를 수주하여 직접 시공하지 않고 여러 전문 중소업체에 하도급을 준다. 그리고 중소업체는 더 작은 업체에 하도급을 주는 관행이 있다.

이런 과정에서 대기업 등 하도급을 주는 기업은 상당한 금액을 가져가고 나머지를 하도급 업체에 주기 때문에 부실 공사가 발생한다. 실제 시공업체는 적은 비용으로 공사를 하므로, 원가와 공사 기간에 대한 압박으로 부실시공을 하는 경우가 많다. 부조리한 하도급 관행을 개선하여 사람과 안전 위주의 건설 현장이 되기를 고대한다.

도급都給이란 말 자체만 봐서는 그 의미를 정확하게 이해하기 어렵다. 서울이나 도시를 뜻하는 도都와 공급의 의미를 갖는 급給의 결합

이기 때문이다. 농촌이나 공업지역에서 생산되는 물건이 도시에 공급
된다는 의미는 아닐 것이다. 실은 도시가 사람이나 물건이 많이 모이
는 곳이어서 '모이다, 모두'의 뜻을 갖기도 한다. 그래서 도급都給이란
'전체를 도맡아 공급'한다는 뜻이다. 도매都賣나 도합都合에서 도都는
'모두'를 의미한다.

都(도읍 도) 자者는 담(도堵)을 만들 때 땅속에 주문呪文을 쓴 신줏단지(口 부31 ←
ㅂ)를 묻고 그 위를 나뭇가지로 덮은 모습. 담으로 둘러싸인 성읍(읍邑
부163 → ß)을 도都라 한다. 예) 도성都城, 수도首都

給(줄 급) 합合은 맹세하는 글을 신줏단지(구口 부31)에 넣고 뚜껑(집스)을 덮어
합의를 이루었다는 의미. 어떤 제안에 응답應答하고 급부給付하여 합
의合議한다는 뜻이 있다. 여기에 멱糸 부121을 더한 급給은 본래 베틀
에 실을 더해 준다는 의미였다. 예) 급여給與, 공급供給

속임수 공격, 양동작전

운동경기에서 노련한 선수들은 페인트feint 공격을 자주 한다. 이를 테면 승부차기에서 킥커kicker가 오른쪽으로 찰 것처럼 하다가 왼쪽 방향으로 차는 것이다. 그러면 골키퍼goalkeeper는 킥커의 슈팅 방향을 오른쪽으로 예상하고 미리 몸을 움직이지만 공은 왼쪽 골대로 들어간다. 이런 페인트 공격을 군사용어로 양동작전이라 한다.

양동작전을 처음 들으면 양쪽으로 군사를 움직여서 공격한다는 뜻 같다. 실제로 언론에서조차 "강온 양동작전에 나섰다."라는 잘못된 표현을 그대로 사용하는 사례도 적지 않다.

그러나 한자는 양동작전陽動作戰이고, 비슷한 말로 양공陽攻이란 말도 쓴다. 둘의 움직임을 뜻하는 양동兩動이 아님을 유의해야 한다.『고려대한국어대사전』에서는 양동작전을 "자기편의 작전 의도를 숨기고 적의 판단을 혼란하게 하려고, 본래의 작전과는 다른 행동을 눈에 띄게 드러내어 상대방을 속이는 전술"이라 한다.

양공陽攻은 특히 적을 속이기 위해 실제로 공격행위를 하는 것을 말한다. 밝은 볕을 뜻하는 양陽을 '눈에 띄게 한다'는 뜻으로 쓰인다. 실제 행할 작전은 안 보이게 음陰으로 하고, 시늉만 내는 작전은 눈에 띄게 한다는 의미에서 양陽을 썼다.

한국전쟁 때 인천상륙작전을 시행하기 직전에 동해안 삼척 일대에 맹포격을 가한 것도 일종의 양동작전이다.

陽(볕 양 陽)　　　양陽은 받침대(丁) 위의 옥(日)이 빛을 발산(삼彡 부0)하는 모습. 옥광玉光은 양기陽氣라고도 하며 심신을 활성화하는 능력이 있다고 믿었다. 금줄(부阝 부170)을 치고 신이 강림하며 위광威光을 발하는 것이 양陽. 예) 사양斜陽, 양광陽光

動(움직일 동 動)　　　본래 자형은 눈 위에 묵형墨刑을 받은 노예인 동童(童)과 쟁기의 모습인 력力 부19의 조합. 눈을 찔린 노예(동童)가 쟁기(력力 부19)로 밭을 가는 모습이 동動. 나중에 동童이 중重으로 바뀌었다. 예) 노동勞動, 地지동설動說

욕망의 해소, 요기요

음식 배달 플랫폼 사업의 성장세가 무섭다. 세계적인 전염병으로 비대면 접촉을 선호하면서, 배달 산업이 가속 페달을 밟으며 성장했다. 그중 '요기요'라는 브랜드가 눈에 띈다.

"즐거움은 요기부터"라는 카피 때문이다. "금강산도 식후경"이라는 속담과 닮았다. 무슨 일을 시작하려면 요기부터 하자고 한다. 먹고 하자는 이야기인데 왜 '요기'가 먹자는 말일 되었을까?

한자로 살펴보면 '요기療饑'다. 문자 그대로 보면 굶주림(饑, 주릴 기)을 치료한다는(療, 병 고칠 료) 말이다. 근대 이전에는 굶주림이 일종의 고질병으로 취급되었는지, 치료한다는 표현을 썼다.

지금은 배가 고프면 스마트폰 버튼을 누르고 배달된 음식을 먹을 수 있으니 이해하기 어려운 표현이다. 그런데 '요기'란 단순히 식욕을 채우는 것을 넘어 모든 욕망을 해소하는 데 쓰인다.

이를테면 『시경』 같은 고전에서는 남녀 간의 욕정을 해소하는 데 쓰이기도 했다. 또 재미난 구경거리를 봤으면 눈요기를 했다고도 한다.

療(병 나을 료) 본래 자형은 료瘵. 고인돌 등 침상에 누운 환자(녁疒^{부105})
앞에서 샤먼이 쓰는 방울(락樂 ♔)을 들고 치병 굿을 하는
모습이 료瘵. 나중에 락樂 대신에 발음 역할을 하는 료尞
를 썼다. 예) 요양療養, 진료診療

饑(주릴 기) 기幾(기미 기)는 창(과戈^{부62})에 실(사絲)을 장식한 모습으
로 미세한 기미를 살펴 기찰譏察을 한다는 뜻이 있다. 기
幾가 매우 적다는 뜻이 있어 밥(식食^{부184})을 거의 먹지 못
하는 것도 기饑라 한다. 기飢도 같은 의미로 쓴다. 예) 기
근饑饉, 기아饑饉

막연히 더러울 것 같은, 외설

조금 오래전 이야기다. 연세대 국문과 교수였던 고 마광수 교수가 자신이 쓴 소설『즐거운 사라』로 외설 혐의를 받고 1992년에 구속된 사건이 있었다. 죄목은 음란문서 유포였다.

음란소설을 썼다는 이유로 구속된 사례는 세계 최초였다고 보도되었다.『즐거운 사라』는 여전히 판매 금지 상태다. 구하기 어려운 책이 되어 중고책 시장에서 5만 원이 넘게 거래된다고 한다.

나도 일부를 읽은 적이 있는데 성적인 묘사가 대부분이었다. 그래도 그렇지 '외설적'인 소설을 썼다고 단죄하고 책을 판매 금지하는 것은 지금으로서는 상상하기 힘들다.

외설猥褻이라 하면 노골적으로 성적 표현을 하는 것이지만, 말 자체는 성적 의미가 별로 없다. 오히려 '음란淫亂하다'는 표현이 더 적절하다.

문자 자체로 외猥 자가 '함부로' 혹은 '더럽다'는 뜻이 있고, 설褻 자 또한 '더럽다'는 정도의 뜻이 있을 뿐이다. 아마도 성적인 불쾌감을 직접 드러내는 '음란'보다는 막연히 '더럽다'는 뜻이지만, 잘 쓰이지 않는 한자어를 선택한 것이 '외설'이라 생각된다. 어쩌면 외설猥褻이란 말을 통해 '짐승 같은 짓(견犭^{부95})', '두려운 일(외畏)' 등의 의미를 담으려 한 것으로 추정된다.

猥(함부로 외) 개(견犭^{부95})가 두려워(외畏) 함부로 짖는 모습. 畏(두려울 외)는 귀신 머리를 한 사람이 지팡이를 든 모습. 개가 낯선 사람 등을 보면 마구 짖는 데 실상은 두려워서 짖는다고 한다. 예) 외잡猥雜, 음외淫猥

褻(더러울 설) 埶(심을 예)는 정치적 혹은 종교적 목적으로 나무를 심는 모습. 褻 자는 파자破字하여 곡식 등을 심을 때(예埶) 입는 옷(의衣^{부146})으로 '평상복', '더럽다'는 의미로 이해해도 좋다. 예) 설독褻瀆, 사설私褻

수년 전부터 강력 사건이 일어나면 가해자가 귀에 설은 '조현병' 환자라는 뉴스가 가끔 있었다. 이 생소한 병명은 2010년 대한의사협회가 '정신분열증'을 새로 고친 말이다. '정신 분열'은 영어의 'schizophrenia(schizein, 분열 + phrenos, 정신)'을 그대로 번역한 것이다. 이 말도 언뜻 정신이 여러 개로 분열된 것으로 이해하기 쉽다. 그러나 이는 현실과 정신이 분리되었다는 뜻이다. 그래서 현실감각이 망가져 망상, 환각 등에 빠지며 의외의 행동을 한다.

정신분열이라는 부정적 이미지를 개선하기 위해 새로 만든 말이 조현병調絃病이다. 정신분열증은 '미쳤다' 혹은 '정신이 망가졌다'는 의미로 받아들이기 때문이다.

그런데 조현調絃이란 현악기 줄의 길이를 조정한다는 의미다. 악기의 줄이 적절하게 조절되지 않으면 무질서한 소리가 나듯이, 뇌의 신경구조 이상으로 정신이 현실과 이탈되어 조현調絃을 필요로 하기 때문에 붙여진 이름이다.

복잡한 정신 신경망神經網을 악기의 현絃과 대비한 것이다. 정신의 조현이 필요한 병이라는 의미에서 요조현병要調絃病이라고 이해하면 된다.

　조현병 환자를 미친 사람, 즉 광인狂人으로 부르기도 하는데 이들 중에는 예술이나 인문학 분야에서 혁혁한 업적을 쌓은 사람도 많다. 철학자 니체, 화가 반 고흐 등은 광인으로 불리기도 했다. 조현병 환자를 미친 사람이라 하여 격리하고 방치하기보다는 사회가 따뜻하게 받아들이고 그들의 능력을 활용하는 방안을 찾아야 한다.

調(고를 조)　주周(두루 주 **圕**)는 네모난 방패를 사분四分하여 점을 조식彫飾한 모습. 나중에 신줏단지(구口 ← ㅂ)가 추가되었다. 고대 중국의 주周나라를 세운 부족의 상징으로 한 면을 사분하여 두루 그리고 고르게 조식彫飾을 한 모습이 주周 자이므로 주도周到, 조화調和, 조밀稠密 등의 뜻이 있다. 조調는 말(언言)뿐 아니라 모든 것이 어울리고 적절한 상태에 있는 것을 가리킨다. 예) 조율調律, 격조格調

絃(악기 줄 현)　현玄은 검게 염색한 실로 여기에 실타래의 모습인 멱糸을 더한 것이 현絃. 거문고(현금玄琴) 등 악기의 줄을 일컫는다. 활의 시위는 현弦. 예) 현악기絃樂器, 탄현彈絃

病(병 병)　녁疒은 고인돌 같은 대좌臺座에 환자가 누운 모습. 병丙(**丙**)도 고인돌과 유사한 대좌의 모습이다. 예) 병원病院, 역병疫病

풍신의 노여움으로 생기는 병, 중풍

중풍을 대개 뇌의 혈액 공급 이상으로 신체가 마비되는 병으로 알고 있다. 또 다른 말로 "풍을 맞았다."라는 표현을 쓰기도 한다.

중풍中風을 한자 그대로 해석하면 "풍風을 맞았다(적중的中)."라는 표현이 과히 틀렸다고 할 수 없다. 중풍은 본래 뇌졸중풍의 줄임말이다. 그래서 뇌졸중腦卒中이라고도 하는데 간혹 뇌졸증이라 잘못쓰기도 한다. 그런데 '풍風을 맞았다'는 무슨 말인가? '바람을 맞았다'고 하면 약속하고 차였다는 뜻으로 쓰는데 그런 단순한 바람은 아닌 것 같다. 풍風이 무엇인지 이해하려면 고대 신화를 이해할 필요가 있다.

고대 중국의 상나라 시대에는 하늘에 천제가 있었고 사방四方을 방신이 각기 다스리게 했다. 또 각 방신은 휘하에 풍신風神을 두어 구석구석까지 신의 뜻을 전하게 했다. 그래서 각 지역은 고유한 풍신을 갖는다.

한국도 사방의 바람 이름이 샛바람(동풍), 하늬바람(서풍)처럼 각각 다른데 이도 본래 풍신의 이름이었을 수 있다. 해당 지역 고유의 경관을 풍경, 습속을 풍속 등이라 하는 이유도 여기에 있다. 한편 풍신의 노여움을 받아 병을 얻게 된 것이 중풍이 되었다. 풍風이 각 지방신의 사자인 풍신이라는 의미에서 '그 지방의 고유한'이라는 뜻을 갖게 되었음을 기억하자.

中(가운데 중: 𝌆)

옛 군사편제인 삼군三軍에서 중군中軍을 나타내는 깃발의 모습. 적중的中의 뜻도 있다. 예) 중독中毒, 도중途中

風[부181](바람 풍: ○ 𝌆 ● 𝌆)

風의 갑골문은 鳳(봉새 봉)과 같아, 신화에서는 방신方神(사방의 신)의 사자로 여겼다. 범凡은 음부音符이지만, 배의 모습을 하고 있어 의미에 있어서는 바람과 관련이 있다. 새는 이후 용龍의 모습인 사虫로 바뀜. 예) 풍채風采, 태풍颱風

사악한 기운을 정화하는 주술적 의례, 탄핵

대한민국 건국 이후 탄핵 소추를 받은 대통령이 두 분 있다. 고 노무현 대통령은 탄핵 소추를 받았으나 기각되었고, 박근혜 대통령은 인용되어 결국 탄핵당했다.

탄핵이란 본래 관리의 부정을 규탄하거나 추궁한다는 의미였다. 그러나 서양의 헌법이 도입되면서 범죄를 저지른 왕 등 고위공직자에 대한 처벌이나 파면을 뜻하게 되었다. 특히 전 박근혜 대통령은 주술 등을 선호한 비선 실세를 통한 권력남용의 혐의가 적용되었다.

그런데 역설적으로 '탄핵彈劾'이란 말이 주술에서 비롯되었음을 아는 사람은 많지 않다. 탄핵은 사악한 기운을 정화하는 주술적 의례다. 탄彈은 활(궁弓), 핵劾은 주술적인 영을 가진 동물(해亥)을 이용하여 행하는 주술의 모습이다.

고대에는 활시위 등의 소리를 통해 사악한 기운을 몰아내는 의례가 있었고, 주술적 영을 가진 동물을 이용하여 저주를 격퇴하고 빠져나오는 방술이 있었다.

탄彈과 핵劾 모두 사악한 귀신을 물리치는 방법이었는데 서양의 법

이론에 적용하여 사용하게 되었다.

彈(탄알 탄)   단單(홑 단)에는 두 가지 유력한 설이 있다. 하나는 인디언이 사냥할 때 사용하는 도구인 '볼라스bolas'와 같이 줄 양 끝에 쇠구슬을 매단 모습이라는 주장이다. 또 하나는 방패 양쪽 끝에 깃털 장식을 한 모습이라는 것이다. 두 주장 모두 사냥(獸, 짐승 수) 및 전쟁(戰, 싸울 전)과 관련이 있다. '홑'의 의미로 쓰인 것은 군대 한 부대의 단위가 되었기 때문이다. 전자의 주장에 따르면 줄에 매달아 쓰던 쇠구슬을 나중에 활(궁弓   )을 이용해 쏜 것을 탄彈이라 하였다. 예) 탄력彈力, 육탄전 肉彈戰

劾(캐물을 핵)   해亥(돼지 해)는 주술적인 영靈을 가진 동물. 이를 때려 사악한 영을 몰아내는 의례가 있었다. 심하게 추궁하는 데서 관리의 죄를 고발한다는 뜻도 생겼다. 예) 핵주劾奏, 자핵自劾

절뚝거리며 걷는다, 파행

　내가 대학에 다닐 때는 군사 독재정권 시절이라 반정부운동에 참여하는 학생들이 많았다. 그들은 학생회나 동아리에서 사회과학 서적을 중심으로 학습을 많이 했다.

　그중 박정희 정권 시절의 한국경제를 공부하다 보면, 한국경제가 '파행적'이라는 글을 많이 볼 수 있다. 궁금해서 사전을 찾아보니 "절뚝거리며 걷다."라는 뜻의 파행跛行이었다.

　한국 경제가 내수에 비해 수출 의존형이고, 농업이나 경공업에 비해 중공업을 우선하는 등 균형 있게 발전하지 못한다는 의미였다. 지금도 국회 등 기관이나 단체가 제 기능을 못하면 '파행'이라고 한다. 균형 있고 온전하게 일을 처리하는 것을 보기 어렵다. 우리 몸도 그렇게 하지 않으면 병이 든다. 한글로 절뚝발이 걸음이라 표현하면 아마도 장애인 비하라는 항의가 빗발칠 수 있다.

　파행 대신에 의학에서 쓰는 부전不全, 즉 온전치 못하다는 말을 쓰는 것도 방법이다. 파행에는 다른 한자어도 있다. 기어 다니는 것을 뜻하는 파행爬行이 그것인데, 우리가 익히 들은 파충류爬蟲類의 걸음걸

이를 의미한다.

跛(절뚝발이 파) 피皮는 짐승 가죽을 벗겨내는 모습이라 '균형을 잃고 기울었다'는 의미가 있다. 이 글자에 발(족足)을 더한 파跛는 '절뚝거리다'는 뜻을 갖는다. 머리(혈頁)가 기운 것은 파頗(치우칠 파)라고 한다. 예) 파인跛人, 편파偏跛

부行(다닐 행 行) 사거리의 모습에서, 길을 '다니다'는 의미가 되었다. 예) 실행實行, 행적行跡

몰래 다른 사람의 것을 떼어 훔쳐오는 것, 표절

유명 정치인이나 연예인들이 표절 논란에 휩쓸려, 심한 경우 정치적·사회적 생명을 다했다는 소식이 왕왕 들린다. 시쳇말로 '스펙'을 쌓기 위해 학위 논문을 쓸 때 다른 사람의 논문이나 글을 몰래 복사하여 붙이는 것이다.

논문 등에서 그치지 않고 문학작품이나 음악 등 창작 예술 활동에도 표절 시비가 심심찮게 나온다.

그러나 다른 사람의 저작을 가져다 쓴다고 해서 모두 표절은 아니다. 공개적으로 다른 사람의 저작임을 밝히고 '인용'할 수도 있다. 또 번안소설이나 벤치마킹은 합법적으로 다른 사람의 아이디어를 가져오는 것이다. 그렇다면 표절이란 어떤 경우에 해당될까?

표절剽竊이란 말 자체가 쉽지 않다. 표剽는 '위협하다, 벗기다'는 뜻이고 절竊은 알다시피 '(몰래)훔치다'는 뜻이다. 그러니까 표절이란 '몰래 다른 사람의 것을 떼어 훔쳐 오는 것'이 된다. 다른 사람의 글이나 작품을 자기가 만든 것인 양 속이는 것이 결국 표절이다.

剽(벗길 표)　　　표票(표 표 **票**)의 본래 자형은 표熛로 사람의 머리(신囟)를 불(화火)로 태우는 모습. 불꽃이 기세 좋게 타는 것을 일컫는다. 여기에 칼 (도刀)을 더한 표剽는 칼을 가지고 사람을 협박하여 강탈한다는 의 미가 있다. 예) 표습剽襲, 박표剝剽

竊(훔칠 절)　　　벌레(설㙦)가 토굴(혈穴) 창고에 보관하고 있는 곡식의 알맹이를 갉아먹는 모습이 절竊. 겉으로는 티가 나지 않는 상태를 일컫는다. 설 㙦은 작은 벌레들이 모여있는 모습. 벌레가 창고의 곡식을 갉아먹는 것이 표식, 창고가 아닌 가마니에 있는 곡식을 갉아먹는 것은 두蠹(좀 먹을 두). 예) 절도竊盜, 서절鼠竊

부수 정리

(○은 갑골문, ◎는 금문, ●는 소전, ☆는 기타)

○ **갑골문**甲骨文은 고대 중국의 상나라에서 점을 치고 그 결과를 거북이의 배딱지(갑甲)나 소의 어깨뼈(골骨)에 기록한 문자. 한자의 원형을 이룬다.

◎ **금문**金文은 주로 춘추전국시대에 다양한 국가에서 사용한 문자로 청동기 같은 금속에 새겼으므로 금문金文이라 한다.

● **소전**小篆은 중국 최초의 통일국가인 진秦나라에서 사용한 문자. 통일 후에 문자는 소전체로 통일된다.

1획

1)

한 일 ○

가로 획을 하나 그어 '하나'의 뜻을 나타냄. 일 壹(한 일)은 병 중에 술이 발효하 여 기운이 가득 찬 모습이서 일一은 '전체'를 뜻하기도 한다.

용례: 丁(넷째 천간 정), 七(일곱 칠), 丈(어른 장), 不(아니 불), 世(세상 세)

2)

뚫을 곤 ●

위아래를 관통한 모습의 자.

용례; 中(가운데 중), 串(곶 관)

3)

불똥 주

'불똥'이나 '점'의 모습.

용례; 丸(알 환), 丹(붉을 단), 主(주인 주)

4)

삐칠 별 ●

오른쪽 위에서 왼쪽 아래로 삐쳐 내린 형상으로 별 의미는 없다.

용례; 乃(이에 내), 久(오래 구), 之(갈 지), 乏(가난할 핍), 乎(어조사 호)

5)

새 을 ◎

짐승 뼈로 만든 칼 또는 인두. 두 번째 천간天干으로 쓴다. 천간은 〈갑을병정무기경신임계〉로 지지地支인 〈자축인묘진사오미신유술해〉와 결합되어 수를 이룬다.

용례; 九(아홉 구), 乞(빌 걸), 也(어조사 야), 乳(젖 유), 乾(마를 건), 亂(어지러울 란)

6)

갈고리 궐

갈고리 모양으로 별 의미는 없다.

용례; 了(마칠 료), 事(일 사), 予(나 여)

2획

7)

 두 이 ◎

가로 획을 두 번 그어 '둘'을 뜻함. 弍(이)로도 씀. 위조 방지를 위해 貳(두이)로도 씀. 용례와 의미상 연관은 없다.
용례; 五(다섯 오), 于(어조사 우), 云(이를 운), 井(우물 정), 互(서로 호), 亞(버금 아)

8)

 돼지머리 해

본디 발음은 '두'. 亥(돼지 해)의 윗부분을 일컬어 별칭으로 '돼지머리 해'라 한다. 별 의미는 없다.
용례; 亡(망할 망), 交(사귈 교), 亢(목 항), 亦(또 역), 亥(돼지 해), 亨(형통할 형), 京(서울 경)

9)

 사람 인•인 변 ○

사람의 옆모습. 사람의 형체, 성품 또는 행위를 표시한다. 사람과 관계없이 모양 때문에 인人을 부수로 쓰는 자도 있다.
용례; 俊(준걸 준), 倨(거만할 거), 仰(우러를 앙), 今(이제 금)

10)

 어진 사람 인

인人과 같은 의미이나 다른 글자 아래에 위치한다.
용례; 兒(아이 아), 兄(맏 형), 先(앞 선), 元(으뜸 원), 兔(토끼 토), 免(면할 면), 兆(조짐 조)

11)

 들 입

방 문의 입구 모양. 여기에 집 모습을 더한 자는 內(안 내)
용례; 內(안 내), 全(모두 전), 兩(두 량), 兪(점점 유)

12)

 여덟 팔 ◎

물건을 좌우로 양분하여 '여덟'을 나타낸다. 부수에 속하는 자들은 의미와 관련 없는 경우가 많다.
용례; 公(공변될 공), 六(여섯 륙), 共(함께 공), 兵(군사 병), 其(그 기)

13)

멀 경 ◎

경계 지역의 모습. 국口은 읍邑의 모습. 변방에 경冂의 형태로 보루를 쌓는 경우가 많았다. 부수로 쓰이는 자 가운데 이런 의미와 연관된 경우는 별로 없다.

용례; 冊(책 책), 再(다시 재), 冒(무릅쓸 모), 冑(투구 주), 冕(면류관 면)

14)

덮을 멱 ○

위로부터 깊숙이 덮는 모습. 현재는 冪(덮을 멱)을 쓴다.

용례; 冠(갓 관), 冥(어두울 명), 宂(쓸데없을 용), 冪(덮을 멱)

15)

빙 ●

물이 얼은 형태. 지금은 빙氷•빙冰으로 쓰임.

용례; 冬(겨울 동), 冷(찰 랭), 冶(불릴 야), 冽(찰 렬), 凄(차가울 처), 凝(엉길 응)

16)

안석 궤 ●

양 쪽에 발이 붙어 있는 대臺.

용례; 凰(봉새 황), 凱(승전가 개), 凡(무릇 범)

17)

입벌릴 감 ●

흙구덩이(감坎) 혹은 밑이 깊은 네모난 상자(함函)의 모습

용례; 凹(오목할 요), 凸(볼록할 철), 凶(흉할 흉), 出(날 출)

18)

칼 도·선 칼 도 ○

칼 모양. 칼 모양의 배(舟, 거룻배 도)나 화폐로도 쓰였다. 召(부를 소)나 到(이를 도)에서 도刀는 人(사람 인)의 와전.

용례; 分(나눌 분), 刎(목 벨 문), 刮(깎을 괄), 刷(솔질할 쇄), 剩(남을 잉)

19)  힘 력

쟁기의 상형. 쟁기를 쥔 모습은 耒(쟁기 뢰)
용례; 加(더할 가), 劣(낮을 렬), 勃(발), 勅(우쩍
일어날 칙), 勵(힘쓸 려)

20)  쌀 포 ●

사람의 옆모습으로 몸을 구부리고 있는 상태.
용례; 勺(구기 작), 勿(말 물), 包(쌀 포), 匈(오
랑캐 흉)

21)  비수 비 ○

사람이 오른 쪽을 향하고 있는 모습·작은 칼
(비수)·숟가락의 모습.

22)  될 화 ●

화化에서 시체가 옆으로 넘어진 모습으로 비
匕와는 본디 달랐지만 같이 쓰인다.
용례; 化(될 화), 北(북녘 북)

23)  상자 방 ○

오른쪽이 뚫린 네모난 상자, 혹은 비밀 의례를
하는 동굴의 모습
용례; 匡(바룰 광), 匠(장인 장), 匱(상자 궤),
匣(갑 갑), 匪(아닐 비)

24)  감출 혜

방匚과 같이 물건을 넣어두는 상자이며 '넣어
두다, 감추다'의 뜻을 가짐. 방匚과 마찬가지
로 비밀의례를 하는 동굴의 모습을 나타내는
경우도 있다.
용례; 區(구역 구), 匿(감출 닉), 匹(짝 필)

25)  열 십 ◎

본디 곤 | 으로 '열'을 나타냈으나 금문 이후
일一을 덧붙였다.
용례; 協(화할 협), 計(셈할 계), 博(넓을 박), 南
(남녘 남), 千(일천 천), 午(낮 오), 卒(군사 졸)

26)  점 복 ○

짐승의 뼈나 거북의 딱지에 홈을 파고 불로 지
져 갈라진 모습. 이를 보고 점을 쳤다.
용례; 占(점 점)

27)  병부 절 ○

사람이 무릎 꿇고 앉아 있는 모습. 卩巴는 그릇
의 손잡이 모습이지만 邑(고을 읍)에서는 절卩
의 변형임. 병부兵符란 중앙의 장수가 변방에
서 군대를 인수할 때 증빙이 되는 부절符節을
말한다.
용례; 卯(넷째 지지 묘), 危(위험할 위), 印(도장
인), 却(물러날 각), 卵(알 란), 卷(말 권), 卽(즉
시 즉)

28)  기슭 엄 ◎

산의 벼랑이나 언덕 혹은 지붕의 모습. 산産이
나 언彦에서는 사람의 이마를 나타낸다
용례; 厚(두꺼울 후), 原(들 원), 厠(변소 측),
厦(큰집 하), 厄(재앙 액), 厓(언덕 애)

29)  사사로울 사 ●

쟁기의 모양으로 私의 본디 글자. 私는 개
인에 속한 예속농隸屬農을 일컫는다. 이目·이
己도 같은 쟁기.
용례; 去(갈 거). 參(간여할 참)

30)  또 우 ○

오른손의 모습으로 우右의 본디 글자. 이후에
'또'의 의미로 쓰였다.
용례; 叉(깍지 낄 차), 及(미칠 급), 反(되돌릴
반), 又(또 우), 受(받을 수), 取(취할 취)

3획

31)

입 구 ● 凵

입의 모습. 하지만 갑골문이나 금문에서 쓰인
凵는 기도문을 담은 신줏단지·축문그릇을 나
타낸다.

*우리 민족을 위시한 동이계열은 조상신령을
모신 신줏단지를 만들어 조상을 숭배했다. 그
래서 '신줏단지 모시듯 한다'는 속담은 어떤 것
을 몹시 귀하게 여긴다는 의미를 갖는다. 신줏
단지에는 곡식을 담아두기도 하지만, 조상신
에게 바라는 기도문을 담아 소원을 빌기도 했
다. 또 기도문 자체를 신줏단지에 새긴 경우도
있다. 여태까지 구口 자를 '입'으로 해석하였으
나. 시라카와 시즈카 박사의 연구에 의해 '기도
문을 담은 그릇'임이 밝혀졌다. 이에 그릇이 우
리 민족의 신줏단지에 해당된다고 판단되어 이
책에서는 대부분 '신줏단지'로 지칭했다.

용례1; 味(맛 미), 呑(삼킬 탄), 喉(목구멍 후),
咽(목구멍 인), 吻
(입술 문) 등은
'입'의 상형

용례2; 名(이름
명), 吝(아낄 린),
咸(다 함), 告(알
릴 고), 史(역사
사) 등은 '신줏단
지'의 상형

신줏단지 ©김점식

32)

나라 국·에워쌀 위 ● ▢

성곽으로 둘러 싼 모양.

용례; 四(넉 사), 國(나라 국), 圍(에울 위), 囹
(감옥 령), 困(곤할 곤)

33)

흙 토 ◎

흙을 뭉쳐 대 위에 올려놓은 모양으로 토지신
(사社)의 본디 글자. 단순한 흙덩 이가 아니라
토지신의 형상으로 만든 흙덩이다.

용례; 地(땅 지), 坤(땅 곤), 培(북돋을 배), 均
(고를 균), 坐(앉을 좌)

34)

선비 사 ◎

도끼 날을 거꾸로 세운 모습으로 신분을 나타
낸다. 본래 전사계급을 일컬 었다. 왕王 자도
도끼 모습.

용례; 壯(장할 장), 壻(사위 서), 壬(북방 임),
壹(한 일), 壺(병 호), 壽(목숨 수)

35)

 뒤져올 치 ○

위에서 아래로 내려오는 발의 모습. 강강(降)의 요소에 치夂가 있다. 발을 앞 혹은 위로 향한 모습인 지止 자를 거꾸로 한 글자이다.
용례; 夆(끌 봉)

36)

 천천히 걸을 쇠 ○

치夂와 같이 발을 뒤로 한 모습으로 반대편에서 오거나 위에서 내려오는 의미.
용례; 夏(여름 하), 夒(조심할 기)

37)

 夕저녁 석 ○

저녁에 뜨는 반달의 모습. 석夕을 부수로 쓰는 자 가운데는 육肉을 의미 하는 경우도 있다.
용례1; 夜(밤 야), 夢(꿈 몽) 등은 '달'의 의미
용례2; 外(바깥 외), 名(이름 명), 多(많을 다)은 '고기'의 의미

38)

 큰 대 ○

사람이 정면으로 서 있는 모습.
용례; 失(잃을 실), 奉(받들 봉), 奪(빼앗을 탈), 太(클 태), 天(하늘 천)

39)

 계집 녀 ○

여자가 무릎 꿇고 손을 모아 기도하는 모습. 무당은 여자인 경우가 많음.
용례; 妃(왕비 비), 妙(묘할 묘), 奸(간사할 간), 姓(성 성), 姜(성 강)

40)

 아들 자 ○

어린 아이의 모습. 본래 왕자의 의미에서 일반 아이의 의미로 쓰임.
용례; 孔(구멍 공), 存(있을 존), 學(배울 학), 孝(효도 효)

41)

집 면 ◎

제사 의례를 행하는 건물. 사당

용례: 安(편안할 안), 宗(마루 종), 客(손 객),
宴(잔치 연), 宿(잘 숙)

42)

마디 촌 ●

우又와 일一의 조합. 손가락 하나의 폭을 촌寸
이라 한다. 맥박이 한번 뛰는 것도 촌寸. '손'을
의미하는 경우가 많다.

용례: 尋(찾을 심), 尊(높을 존), 寺(절 사), 封
(봉할 봉), 尉(벼슬 위)

43)

小작을 소 ○

조개나 옥을 세 개 표현하여 '적다'는 의미로
쓴다. 이를 이어 붙인 것 은 少(적을 소)이다.

용례: 尖(끝 첨), 少(적을 소), 尙(오히려 상)

44)

절름발이 왕

다리가 휜 사람의 모습. 용례의 자는 왕尢과
관련이 없다. 尪(절름발 이 왕)의 본자.

용례; 尤(더욱 우), 尨(삽살개 방), 就(나갈 취)

45)

주검 시 ◎

굽은 시체가 누워있는 모습. 尸主(시주:신위 대
신 앉는 시동)의 의미도 있 으며 인체와 관련하
여 쓰이기도 한다. 제사를 지낼 때 신위(위패)
를 대신하여 앉힌 어린이를 시동尸童이라고
한다. 广(엄)과 같이 집의 의미로도 쓰인다.

용례; 局(판 국), 屍(주검 시), 尾(꼬리 미), 屋
(집 옥), 屢(여러 루)

46)

왼손 좌 ◎

屮(싹 날 철)과 자형이 유사. 왼손의 모습.

용례; 屯(진칠 둔)

47)

산의 모습. 火와 유사하여, 밀密 자처럼 불을 뜻하는 경우도 있다.
용례; 岐(갈림길 기), 岳(큰 산 악), 峰(봉우리 봉), 崇(높을 숭), 峻(높을 준)

48)

川(내 천)과 같이 쓰인다. 물이 흐르는 모양
용례; 巡(돌 순)·巢(새집 소)

49)

모루 같은 작업대와 무녀가 사용하는 주술도구로서 방울 (쌍주령)의 두 가지 형태. 쌍주령은 아령 모양으로 생겼고 안에 구슬이 있어 소리를 낸다. 한자의 工의 쓰임을 보면, 무당이 신을 부르거나 봉인할 때 사용한 것으로 보인다.
용례 1; 巧巧는 작업대.
용례 2; 左(왼 좌), 巫(무당 무) 등은 방울의 모습.

쌍주령 | 출처: 한국학중앙연구원

50)

실을 마는 실패의 모습. 용례가 본뜻과는 관련이 없다.
용례; 巳(뱀 사), 已(이미 이), 巴(꼬리 파), 巷(거리 항)

51)

허리에 차는 수건의 모습. 의례에서 주로 쓰였다.
용례; 希(바랄 희), 帶(띠 대), 帥(장수 수), 帽(모자 모)

52)

방패의 모습. 용례는 방패와는 관련이 없다.
용례; 平(평평할 평), 年(해 년), 幷(아우를 병), 幸(다행 행), 幹(줄기 간)

 작을 요 ◎

실 타래를 비틀어 묶은 모습. 糸(가는 실 멱)보다 작다.
용례; 幻(변할 환), 幼(어릴 유), 幽(그윽할 유), 幾(기미 기)

 집 엄 ●

절벽 혹은 지붕이 있는 집. 모두 성소聖所를 나타내는 경우가 많다.
용례; 序(차례 서), 府(관청 부), 康(편안할 강), 庸(쓸 용), 廢(없앨 폐)

55)
 길게 걸을 인 ●

담장의 모습. 걷는 것과는 상관 없다.
용례; 延(끌 연), 庭(뜰 정), 建(세울 건), 廻(돌회)

56)
 손 맞잡을 공 ●

두 손을 들어 무언가를 떠받치고 있는 모습
용례; 弁(고깔 변), 弄(희롱할 롱), 弊(해질 폐)

57)
 주살 익 ◎

주살(줄이 달린 화살)에 쓰는 화살. 줄이 달린 화살은 조弔.
용례; 弑(죽일 시)

58)
 활 궁 ○

시위를 풀어놓은 활의 모습.
용례; 引(끌 인), 弔(조)(조문할 조), 弟(아우제), 弦(활시위 현), 弱(약할 약), 强(강할 강)

59)
 돼지머리 계 ●

위를 향한 돼지 머리의 상형
용례; 彙(무리 휘), 彝(떳떳할 이)

60)
 터럭 삼 ●

모발이나 무늬, 혹은 광채가 빛나거나 소리가 울려 퍼지는 모습.
용례; 形(모양 형), 彦(선비 언), 彫(새길 조), 彩(채색 채) 影(그림자 영)

61)

 자축거릴 척 ●

사거리를 나타내는 行(다닐 행)의 왼쪽 부분.
'자축거리다'는 躑躅(척촉; 머뭇거릴 척, 머뭇
거릴 촉)에서 나온 말로 보임. 부수로는 길과
관련된 말에 쓰임.
용례; 往(갈 왕), 徑(지름길 경), 待(기다릴 대),
徒(무리 도), 徹(뚫을 철), 德(덕 덕)

4획

62)

 마음 심 ●

심장 모습. 고대인은 마음이 심장에 있다고 생
각해서 '생각'을 표현한 경우가 많다.
용례; 快(쾌할 쾌), 志(뜻 지), 忍(참을 인), 怒
(성낼 노), 性(성품 성), 恕(용서할 서), 愛(사랑
애)

63)

 창 과 ○

받침대가 있는 베는 창. 무기를 표현하기도 하
지만 주술적인 의례에서 많이 사용.
용례; 成(이룰 성), 我(나 아), 戒(경계할 계),
戰(싸움 전), 戲(놀 희)

64)

 지게문 호 ○

외짝 문을 지게문이라 함. 門(문 문)은 두 짝
문. 보통 사당(廟) 이나 감실龕室의 문을 표
현한다.
용례; 所(곳 소), 房(방 방), 扇(부채 선), 扉(문
짝 비)

65)

 손 수 ◎

다섯 손가락과 손목을 표시. 扌(손 수변)은 才
(재주 재)와는 다른 글자.
용례; 打(때릴 타), 扱(다룰 급), 技(재주 기), 拍
(손뼉 칠 박), 指(손가락 지), 振(떨칠 진)

66)

 가를 지 ●

나뭇가지를 손으로 잡고 있는 모습으로 枝(가
지 지)의 본자. 가지는 줄기에서 갈라지므로
'가르다'는 뜻.
용례; 攲(기울 기)

67)

攴 =攵 칠 복 ○

나뭇가지를 손에 쥐고 때리는 모습. 복은 의성
어로 때릴 때 나는 소리.
용례; 改(고칠 개), 攻(칠 공), 政(다스릴 정),
放(놓을 방), 效(본받을 효), 斂(거둘 렴)

68)

文 글월 문 ○

가슴에 ♡·V·X 등의 문신을 한 모습. 본디 문
신文身을 의미하는 글자. 문신은 탄생, 성인식,
죽음과 같은 통과의례에서 주로 행해진다.
용례; 斑(얼룩 반), 斐(아름다울 비)

69)

斗 말 두 ◎

자루가 있는 국자 모습. 작은 국자는 升(되 승;
𦫽). 북두칠성北斗七星에서 두斗는 국자 모
양임을 표시.
용례; 料(되질할 료), 斜(기울 사), 斟(술 따를
짐), 斡(관리할 알)

70)

斤 도끼 근 ●

'⟨' 과 같은 날과 자루를 가진 도끼의 모습. 중
량 단위로 쓰였던 것은 고대에 도끼가 화폐 역
할도 했기때문이다.
용례; 斥(물리칠 척), 斧(도끼 부), 斷(자를 단),
新(새로울 신)

71)

方 모 방 ○

가로지른 나무에 이민족異民族의 시체를 매
단 모습. 경계(국경) 지역에 서 사악한 기운 따
위를 막기 위한 저주의 방법이었다. 경계는 끝
이고 그래서 '날카롭다·모나다'는 뜻이 됨. 㫃
(깃발 언)은 글자 전체가 깃발이 있는 깃대의
모습으로 방方과는 관련이 없다.
용례; 施(베풀 시), 旅(나그네 려), 族(겨레 족)

72)

无 없을 무 ●

亡(죽을 망; 𠤎)의 변형자. 망亡은 몸이 굽은 시
체의 모습. 황㱩=㱵은 굽은 시체에 모발이 남
아 있는 모습.
용례; 旣(이미 기)

73)

 날 일 ○

태양의 모습. 일日로 표현된 자 가운데는, 陽
(볕 양)·顯(나타날 현)과 같이 둥근 玉(옥)을 표
현한 자도 있다
용례; 昌(창성할 창), 明(밝을 명), 春(봄 춘),
晩(늦을 만), 暗(어두울 암). 曆(책력 력)

74)

 가로 왈 ○

기도문을 담는 신줏단지인 ㅁ(입 구; ㅂ) 안
에 기도문(-)이 담 겨 있는 모습으로 신에게
'아뢴다'는 뜻.
용례; 曲(굽을 곡), 更(고칠 경), 曹(마을 조),
會(모일 회)

75)

 달 월 ○

초승달의 모습. 월月은 부수로는 대개 月(육달
월), 즉 고기(肉 고기 육)를 뜻하는 경우가 많다.
용례; 有(있을 유), 服(옷 복). 望(바라볼 망),
期(기약할 기), 朝(아침 조)

76)

 나무 목 ○

가지가 있는 나무의 모습.
용례; 本(뿌리 본), 朱(붉을 주), 材(재목 재),
松(소나무 송), 核(씨 핵), 校(학교 교)

77)

 하품 흠 ○

사람이 입을 크게 벌리고 있는 모습. 음식을 먹
거나 소리(말과 노래)를 지르는 뜻으로 사용한다.
용례; 次(다음 차), 欺(속일 기), 歌(노래 가),
歡(기뻐할 환)

78)

 그칠 지

발자국의 모습. 之(갈 지)도 본디 같은 자형이
지만 뜻은 반대.
용례; 正(바를 정), 步(걸을 보), 武(호반 무),
歷(지낼 력), 歸(돌아올 귀)

79)

 뼈 앙상할 알 ○

뼈가 일부 남아 있는 모습. 冎(뼈 발라낼 과; 冎)는 상반신의 뼈가 남아있는 모양.
용례: 死(죽을 사), 殃(재앙 앙), 殉(따라 죽을 순), 殘(잔인할 잔), 殖(번성할 식)

80)

 칠 수 ◎

궤几는 창이나 곤장의 모습으로 의자의 모습인 几(안석 궤)와는 다른 글자. 창이나 곤장 따위를 손에 쥐고 찌르거나 때리는 모습으로 주술적인 의례에서도 사용한다.
용례; 毆(때릴 구), 殺(죽일 살), 殿(대궐 전)

81)

 말 무 ◎

母(어미 모)와 본디 같은 글자로 無(없을 무)·亡(망할 망)·莫(없을 막) 등과 발음이 유사하여 부정의 의미로 사용.
용례; 每(매양 매), 毒(독 독)

82)

 견줄 비 ○

두 사람이 나란히 오른쪽을 향한 모습으로 좌향의 모습은 从(따를 종).
용례; 毖(삼갈 비)

83)

 털 모 ◎

사람이나 짐승의 털의 모습. 나중에는 땅에 나는 풀을 표현하기도 한다.
용례; 毬(공 구)

84)

 성 씨 ◎

작은 손잡이가 있는 칼의 모습. 도刀 자가 180도 옆으로 회전한 모습에 손잡 이가 있는 형태로 이해. 씨족의 공동 식사 때 고기를 써는 칼.
용례; 民(백성 민)

85)

 기운 기 ◎

구름이 흘러가고 한쪽이 늘어진 모습. 乞(빌 걸)도 구름이 흘러가는 모습으로, 구름에 기도하는 풍속이 있었음.
용례; 氣(기운 기)

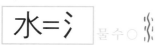 물 수 ○

하천에서 물이 흘러가는 모습.
용례; 永(길 영), 江(강 강), 池(못 지), 海(바다 해), 浸(적실 침), 潛(잠길 잠), 激(부딪힐 격)

 불 화 ○

불이 타는 모습.
용례; 災(재앙 재), 烈(세찰 렬), 炭(숯 탄), 燒(태울 소), 然(그럴 연), 照(비칠 조), 營(경영할 영)

 손톱 조 ●

동물들의 긴 손톱의 모습으로 손을 표현하는 데도 사용한다. 叉(깍 지 낄 차)는 손가락 사이에 손톱이 있는 모양.
용례; 爭(다툴 쟁), 爲(할 위), 爵(벼슬 작)

 아비 부 ○

도끼(斧 도끼 부)를 손에 쥔 모습으로 지휘권을 가진 사람이라는 뜻 에서 가장家長을 의미하게 됨.
용례; 爸(아비 파)

 점괘 효 ○

나무를 교차한 모습. 나무를 엮어 만들어서 지붕을 나타냄. 산 가지를 교차하여 점을 치는 데도 사용.
용례; 爽(시원할 상), 爾(너 이)

 널 장 ●

板築(판축; 양 널 사이에 흙을 넣고 다지면서 쌓는 건축법)에 쓰이는 널 판지의 모습.
용례; 牀(평상 상), 牆(담 장)

 조각 편 ◎

장뉘을 180도 옆으로 돌린 모습으로 역시 판축에 쓰임. 용례; 版(널조각 판), 牌(호패 패), 牒(편지 첩)

 어금니 아 ◎

위아래 어금니가 서로 맞물린 모습.
용례; 犌(이 고르지 못할 아)

94)

소 우 ○

소를 정면에서 바라본 모습.

용례; 物(만물 물), 牧(칠 목), 牲(희생 생), 特(특별할 특), 犧(희생 희)

95)

犬＝犭 개 견 ○

개의 모습. 매달린 형태로 자형이 된 것은 개가 희생으로서 많이 쓰였기 때문일 수도 있고 세로쓰기를 하는 죽간 때문일 수도 있다.

용례; 犯(범할 범), 狂(미칠 광), 狀(형상 상), 猫(고양이 묘), 獻(바칠 헌), 獄(감옥 옥), 獸(짐승 수)

5획

96)

玄 검을 현 ◎

실(요幺) 타래를 검게 염색하는 모습. 위에 염색되지 않은 부분은 素(흴 소).

용례; 率(거느릴 솔)

97)

玉＝王 구슬 옥 ○

구슬을 끈으로 꿴 모습. 옥玉은 혼을 깨운다고 생각해서 몸에 지니고 다니거나 주술적인 의례에서 사용되었다.

용례; 珍(보배 진), 班(나눌 반), 球(공 구), 現(나타날 현), 琴(거문고 금), 琢(쫄 탁)

98)

瓜 오이 과 ◎

오이가 매달린 모습.

용례; 瓢(박 표), 瓣(외씨 판)

99)

瓦 기와 와 ●

둥근 기와의 모습.

용례; 甕(독 옹), 瓶(병 병), 瓷(오지그릇 자)

100)

甘 달 감 ●

자물통의 모습. '달다'는 뜻은 甛(감초 감)에서 비롯된다. 단, 某(아무 모)에서 감甘은 신좃단지(ㅂ)의 모습으로 보인다.

용례; 甚(심할 심), 甛(달 첨)

101)

生 날 생 ◎

초목이 막 나오는 모습.
용례; 産(낳을 산), 甥(생질 생)

102)

用 쓸 용 ○

나무를 짜서 둘러친 목책木柵의 모습. 목책 안
에 희생물을 길렀다. '쓰다'는 뜻은 본디 희생
물을 죽여 의례에서 사용한 데서 비롯된다.
용례; 甫(클 보)

103)

田 밭 전 ○

밭을 구획한 모양.
용례; 甲(갑옷 갑), 申(펼 신), 由(말미암을 유),
男(사내 남), 界(지경 계), 異(다를 이), 畵(그림
화)

104)

疋 발 필 ○

무릎에서 발바닥까지의 모습. 짝의 뜻으로 쓰
임은 匹(짝 필)과 통함.
용례; 疏(트일 소), 疑(의심 의)

105)

疒 병들 녁 ●

두 亠와 ㅕ 모양의 결합. ㅕ 모양은 침대(爿)처
럼 생긴 고인돌의 세로 모습, 고대에는 죽간에
글을 썼으므로 가로로 된 글자 모습(爿)을 세
로(ㅕ)로 쓴 경우가 많다. 亠(두)는 사람의 머
리로 병자가 고인돌에 누워 있는 모습이 녁疒.
고인돌은 생명력을 고양시켜 치료의 기능도 있
었다.

*고인돌의 목적에 대해서는 해석이 분분하지
만 질병 치료설이 가장 유력하다. 과학적으로
도 돌에 들어 있는 광물질이 자력 에너지를 인
체에 전달하여 기력을 회복시키는 역할을 한
다. 또 고인돌 에는 별자리로 추측되는 구멍들
이 있는 데 그 자리가 별의 기운을 받기에 적당
한 곳이라는 이야 기도 있다. 우리가 흔히 일컫
는 '스타star'란 실제로 별의 기운을 많이 받은
사람일 수도 있다. 어쨌든 영국의 스톤헨지에
도 병자들이 몰려와 돌을 이용해 병을 치료했
다고 한다. 갑골문이 동이족의 주술적 의례를
주로 표현한 문자라고 할 때, 녁疒은 단순한
침상이 아니라 의례가 이뤄진 고인돌이라 보는
것이 타당하다.
용례; 疫(염병 역), 疾(병 질), 病(병들 병), 癡
(어리석을 치), 癒(병 나을 유)

고창 고인돌 ©김점식

106)

 癶 필 발 ●

양 발을 나란히 하여 출발 자세를 한 모양.
용례; 登(오를 등), 發(필 발)

107)

 白 흰 백 ○

머리 해골이 풍화되어 하얗게 변한 모습. 적장
(伯, 맏 백)의 해골은 주술적 효능이 높은 것으
로 여겨졌다.
용례; 百(일백 백), 的(과녁 적), 皆(모두 개),
皇(임금 황), 皓(흴 호)

108)

 皮 가죽 피 ◎

짐승 가죽을 손으로 벗겨 내는 모습. 가죽 전체
의 모습은 革(가죽 혁).
용례; 鞄(혁공 포)

109)

 皿 그릇 명 ○

양 끝에 장식용 술이 달린 그릇. 의례용에 쓰는
경우가 많다.
용례: 盆(동이 분), 益(넘칠 익), 盛(성할 성), 盜
(도둑 도), 盟(맹세할 맹), 監(볼 감). 盡(다할 진)

110)

 目 눈 목 ○

눈의 모습. 눈동자를 더 크게 그린 자는 臣(신
하 신).
용례: 直(곧을 직), 看(볼 간), 縣(고을 현), 省
(살필 성), 相(서로 상), 眞(참 진), 瞬(잠깐 순),
瞳(눈동자 동)

111)

 矛 창 모 ●

손잡이가 있는 긴 창의 모습.
용례; 矜(자랑할 긍), 矞(송곳질할 율)

112)

 矢 화살 시 ○

촉을 낀 화살의 모습. 맹세의 의례에 사용하기
도 했다.
용례: 矣(어조사 의), 知(알 지), 矩(곱자 구),
短(짧을 단), 矯(바로잡을 교)

113)

돌 석 ○

암벽(엄厂) 아래 신줏단지(ㅂ)를 두고 바위에게 비는 모습. 고대에 돌을 숭배하는 신앙이 있었다.

용례; 研(갈 연), 破(깨뜨릴 파), 砲(돌 쇠뇌 포), 硬(굳을 경), 碑(돌기둥 비), 確(굳을 확), 磨(갈 마)

114)

보일 시 ○

제사상의 모습. 일一은 희생물, T자 모습이 제탁, 팔八은 희생의 피가 떨어 지는 모습. 시示보다 큰 제탁祭卓의 모습은 帝(임금 제)

용례; 社(토지신 사), 祈(바랄 기), 祉(복 지), 祝(빌 축), 神(신 신), 祖(조상 조), 禍(재앙 화)

115)

짐승발자국 유 ●

구九와 사厶(巳)를 합친 모양. 벌레나 파충류가 교접하는 모양. 禹(우 임금 우)는 구九와 훼虫를 합친 모양으로 용이 교접하는 모습.

용례; 禹(우 임금 우), 禺(긴 꼬리 원숭이 우), 禽(날짐승 금)

116)

벼 화 ●

벼가 고개를 숙인 모습. 그러나 和(화할 화)·歷(지낼 력)·曆(책력 력)의 禾(화)는 벼가 아니고 軍門(군문)으로 세운 나무의 모습.

용례; 私(사사로울 사), 秀(빼어날 수), 科(조목 과), 秋(가을 추), 租(구실 조), 稅(세금 세)

117)

구멍 혈 ●

토굴의 모습. 팔八은 입구.

용례; 空(하늘 공), 突(부딪힐 돌), 窓(창문 창), 窮(다할 궁), 窯(기와 굽는 가마 요), 竊(훔칠 절)

118

설 립 ○

어떤 位置(위치)에 사람이 서 있는 모습. 그러나 新(새로울 신), 童(아이 동) 등에 있는 立(설립)은 辛(매울 신)의 축약형.

용례; 竝(아우를 병), 章(글 장), 준(마칠 준), 童(아이 동), 端(끝 단), 競(다툴 경)

6획

119)

대 죽 ●

대나무 잎의 모습.

용례; 笑(웃을 소), 笛(피리 적), 筋(힘줄 근), 策(채찍 책), 等(등급 등), 答(대답할 답), 簡(편지 간)

120)

쌀 미 ○

벼 이삭에 낟알이 달린 모습.

용례; 粉(가루 분), 粹(순수할 수), 精(맑을 정), 糖(사탕 당), 糧(양식 량)

121)

가는 실 멱 ○

실 다발의 모습. 두 다발은 絲(실 사).

용례; 系(이을 계), 級(차례 급), 納(들일 납), 終(마칠 종), 絶(끊을 절), 經(지날 경), 緒(실마리 서)

122)

장군 부 ○

술이나 물 등을 넣은 몸체가 두껍고 입구가 작은 토기. 똥장군(똥을 담아 나르는 그릇)이라고 할 때 장군.

용례; 缺(이지러질 결), 餠(두레박 병), 罐(두레박 관)

123)

그물 망 ○

벼리(경冂)에 그물(xx)이 있는 모습. 罔(그물 망)·網(그물 망)의 본디 자형.

용례; 罪(허물 죄), 署(관청 서), 罰(벌 줄 벌), 罷(파할 파), 羅(그물 라)

124)

양 양 ○

양을 정면에서 본 모습.

용례; 美(아름다울 미), 義(뜻 의), 群(무리 군), 羞(바칠 수)

125)

새 깃의 모습.
용례; 習(익힐 습), 翌(다음날 익), 翔(빙빙 돌아
날 상), 翼(날개 익), 翻(날 번)

126)

耂(늙을 로)는 머리가 긴 노인의 옆 모습. 比비
는 化(될 화)의 오른쪽 부분으로 시체가 서로
누워있는 모습. 比匕를 써서 노쇠하다는 의미
를 더했다.
용례; 考(상고할 고), 者(놈 자), 耆(늙을 구)

127)

머리를 깎은 무당의 모습.
용례; 耐(견딜 내)

128)

쟁기(력力)를 손(계크)으로 잡고 있는 모습.
용례; 耕(밭 갈 경), 耗(줄어들 모)

129)

귀의 모습.
용례; 聖(성인 성), 聰(귀 밝을 총), 聞(들을 문),
職(직책 직), 聽(들을 청), 聯(잇닿을 련)

130)

붓을 손(우又)으로 쥔 모습으로 筆(붓 필)의 본
디 자형.
용례; 書(글 서), 肅(엄숙할 숙), 肇(비롯할 조)

131)

고기를 다진 모습. 月(육달 월)이나 夕(저녁 석)
이 육肉과 자형이 유사하 여 고기를 의미하는
경우도 많다.
용례; 育(기를 육), 肖(닮을 초), 肩(어깨 견),
肯(즐길 긍), 肺(허파 폐), 胃(밥통 위), 臟(오장
장)

132)

臣 신하 신 ○

눈을 위로 향한 모습. 신臣은 본디 눈을 찔러 희생으로 쓰인 이민족이나 신神을 섬기는 노예였다.

용례; 臥(누울 와), 臨(임할 림)

133)

自 스스로 자 ○

코의 모습. 태아는 코부터 발생함으로, 자自는 '~로부터'의 뜻과 '스스로'의 뜻으로 쓰인다. 코의 의미는 鼻(코 비)로 비界가 음부音符.

용례; 臭(냄새 취)

134)

至 이를 지 ○

화살이 땅에 꽂힌 모습. 화살이 떨어진 곳에 집터 따위를 정하는 풍습이 있었다.

용례; 致(이를 치), 臺(누각 대)

135)

臼 절구 구 ●

절구 안에 곡물이 있는 모습. 與(줄 여)·興(일어날 흥) 등에 있는 국臼는 구臼와 비슷하지만 두 손을 마주한 모습이다.

용례; 與(줄 여), 興(일어날 흥)

136)

舌 혀 설; ●

입 밖으로 혀를 내민 모습. 그러나 活(살 활)·括(묶을 괄) 등에 있는 설舌은 씨氏+구口. 혀를 의미하는 舌이 아님에 주의해야 한다.

용례; 舍(집 사), 舒(펼 서), 舖(펼 포)

137)

舛 어그러질 천 ●

양 발이 밖을 향해 열린 모습으로 엇갈려 앞으로 나가지 못하는 의미. 양 발이 안을 향해 있는 모습은 㐄(필 발)

용례; 舜(순 임금 순), 舞(춤출 무)

138)

 배 주 ◎

배(선船)의 모습. 그릇(명皿)도 같은 모습으로 주舟도 그릇을 표시하는 경우가 많다.
용례; 航(배 항), 般(돌릴 반), 船(배 선), 舶(큰 배 박), 艇(거룻배 정), 艦(싸움 배 함)

139)

 멈출 간 ●

주술적인 눈(목目) 앞에 사람(인亻)이 멈춘 모습. 성지聖地에는 사악한 기세氣勢를 막기 위해 주술적인 눈을 입구에 세운 경우가 있었다. 절 입구에 있는 사천왕四天王도 같은 이유다.
용례; 良(좋을 량), 艱(어려울 간)

140)

 빛 색 ●

앞사람(인亻)을 뒷사람(절卪)이 안고 교접하는 모습. 빛깔의 뜻은 동물들이 짝짓기를 할 때 화려한 색色을 자랑하는 데서 나온 것으로 보인다. 혹은 교접할 때 안색顔色의 변화와 관련이 있을 수 있다.
용례; 艶(고울 염)

141)

 풀 초 ●

++(초두)도 같은 자. 풀이 자라는 모습인 屮(싹날 철)을 겹쳐 쓴 자. 卉(풀 훼)는 철屮을 세 개, 茻(풀 우거질 망)은 철屮을 네 개 쓴 것임.
용례; 花(꽃 화), 芽(싹 아), 若(같을 약), 英(꽃부리 영), 苗(모 묘), 莊(장중할 장), 藥(약 약)

142)

 범 호 ●

虎(범 호)의 생략형으로 호랑이 모습. 인儿은 꼬리 부분.
용례; 虐(사나울 학), 處(곳 처), 虛(빌 허), 號(부를 호), 虜(포로 로), 虞(근심할 우)

143)

 벌레 훼 ●

곤충뿐만 아니라 갑각류와 파충류를 포함한다. 훼虫를 세 개 겹친 것도 蟲(벌레 충)으로 훼虫를 그 약자로 쓰기도 한다.
용례; 虹(무지개 홍), 蚊(모기 문), 蛇(뱀 사), 蠶(누에 잠), 螢(개똥벌레 형), 蠻(오랑캐 만)

144)

血 피 혈 ○

그릇 안에 피가 담긴 모습. 제사나 맹세盟誓의
의례에서 희생물의 피 등을 사용했다.
용례; 衆(무리 중)

145)

行 다닐 행 ○

사거리의 모습. 도로에서 주술을 행하면 다른
곳에도 주술적 효능이 미친다고 생각해, 사거
리에서 주술呪術을 행하는 경우도 있었다.
용례; 衍(넘칠 연), 術(재주 술), 街9길 가, 衝
(부딪힐 충), 衡(저울대 형)

146)

衣 옷 의 ○

 상의上衣의 옷깃(가슴 부문)을 나타낸 모습.
옷은 영혼을 담는다고 생 각해서, 이 자가 들어
가면 빙의憑依나 장례에 관한 내용이 많다.
용례; 表(겉 표), 衰(쇠할 쇠), 衷(속마음 충),
裁(마를 재), 裝(꾸밀 장), 裂(찢을 렬), 襲(덮칠
습)

147)

両·襾 덮을 아 ●

물건을 담는 기물의 뚜껑 좌우를 늘어뜨린 모습.
용례; 西(서녘 서), 要(중요할 요), 覆(덮을 복),
霸(으뜸 패)

7획

148)

見 볼 견 ◎

눈을 강조한 사람의 모습. 특히 고대에는 상대
방과 영적靈的 관계를 갖기 위해 보는 행위를
뜻했다.
용례; 視(볼 시), 親(친할 친),覽(볼 람), 觀(볼
관), 覺(깨달을 각)

149)

角 뿔 각 ○

짐승 뿔의 상형. 술잔으로도 사용되었다.
용례; 解(풀 해), 觸(닿을 촉)

150)

 말씀 언 ○

신줏단지(ㅂ)에 문신용 침(신辛)을 더한 모습. 언言에는 맹세나 기도의 말이 거짓이면 묵형 墨刑을 달게 받겠다는 다짐이 담겨 있다.
용례; 訓(가르칠 훈), 訟(송사할 송), 訪(찾을 방), 診(볼 진), 評(평론할 평), 試(시험할 시)

151)

 골 곡 ○

골짜기와 그 입구의 모습. 신줏단지(ㅂ)가 있는 것은 골짜기가 성소여서 기도와 같은 의례가 이뤄진 것을 알 수 있다. 그러나 容(얼굴 용)·欲(바랄 욕) 등에서 곡谷은 골짜기의 의미가 아니라 신줏단지(ㅂ)의 기도에 응하여 신이 나타나는 모습(팔八+팔八)을 나타낸 것이다.
용례; 谿(시내 계)

152)

 콩 두 ○

다리가 높은 그릇의 모습. 荅(좀콩 답)과 발음이 유사하여 콩을 의미하게 되었다.
용례; 豈(즐길 개), 豐(풍년 풍)

153)

 돼지 시 ●

돼지의 모습.
용례; 豚(돼지 돈), 象(코끼리 상), 豪(호걸 호), 豫(미리 예)

154)

 조개 패 ○

여자의 성기를 닮아 쥐고 있으면 아이를 편하게 낳을 수 있다는 자안패子安貝의 모습. 주술 도구로 쓰이거나 보배寶貝로 여겼다. 그러나 則(법 칙)·質(바탕 질) 등에 있는 패貝는 鼎(솥 정)의 생략형이다.
용례; 負(짐 질 부), 貧(가난할 빈), 貨(재화 화), 買(살 매), 賓(손 빈), 資(재물 자), 贈(더할 증)

155)

 붉을 적 ○

불(화火) 위에 사람(대大)이 있는 모습으로 죄 따위를 정화하는 의례.
용례; 赦(용서할 사), 赫(붉을 혁)

156)

走 달릴 주 ○

사람이 팔을 흔들며 달리는 모습. 止(그칠 지)는 발바닥의 모습.

용례; 起(일어날 기), 赴(나아갈 부), 越(넘을 월), 超(뛰어넘을 초), 趣(재미 취)

157)

足 발 족 ○

무릎과 발바닥의 모습. 만족滿足에서 족足은 正(바를 정)의 뜻. 족足과 정正은 자형이 유사하다.

용례; 距(떨어질 거), 踐(밟을 천), 踏(밟을 답), 躍(뛸 약)

158)

身 몸 신 ○

임신한 여자의 옆 모습.

용례; 躬(몸 궁), 軀(몸 구)

159)

車 수레 거 ○

수레의 바퀴 모습. 갑골문은 수레 전체의 모습. 동력이 있는 수레는 차, 동력이 없는 수레는 거라 부른다.

용례; 軌(수레바퀴 궤), 軍(군사 군), 轉(구를 전), 較(비교할 교), 輕(가벼울 경), 輸(실어낼 수)

160)

辛 메울 신 ○

문신 따위에 쓰는 손잡이가 있는 침. 妾(첩 첩)·童(아이 동)·新(새로울 신)등의 립立은 신辛의 축약형.

용례; 辭(말씀 사), 辣(매울 랄)

161)

辰 날 신·별 진 ○

대합조개(신蜃) 따위가 발을 내밀고 걷는 모습. 농기구로도 쓰였다. 농사와 관련된 별 이름으로 쓸 때는 진辰으로 읽는다.

용례; 辱(욕 욕), 農(농사 농)

162)

辵 =辶 쉬엄쉬엄 갈 착 ●

行(다닐 행)의 좌변 彳(자축거릴 척)과 발의 모습인 止(그칠 지)를 합친 자가 착辵으로 '길을 걷다'는 뜻. 辶(착의 받침)은 착辵의 축약형.
용례; 近(가까울 근), 迎(맞을 영), 述(지을 술), 迫(닥칠 박), 逆(거스를 역), 達(통할 달)

163)

邑 =阝 고을 읍 ○

성城 안에(국口) 사람(절卩)이 사는 모습. 부수로는 阝(우부방)을 주로 씀
용례; 邦(나라 방), 邸(집 저), 郊(들 교), 郞(사내 랑), 郵(우편 우), 都(도읍 도), 鄕(시골 향)

164)

酉 닭 유 ○

술 동이의 모습. 닭의 뜻을 갖는 것은 십이지十二支에서 유酉가 닭에 해당하기 때문이다.
용례; 酌(따를 작), 配(짝지을 배), 醉(술 취할 취), 酬(갚을 수), 醫(의원 의), 釀(빚을 양)

165)

采 분별할 변 ○

짐승 발톱의 모습. 짐승 발톱으로 물건을 자르는 데 '분별하다'는 의미가 생겼다. 발바닥까지 더한 자는 番(차례 번).
용례; 釋(풀 석)

166)

里 마을 리 ◎

밭(전田)과 토지신(토土), 즉 사社를 더한 모습. 고대에 마을은 종교적, 경제적 공동체였다.
용례; 重(무거울 중), 野(들 야), 量(헤아릴 량)

8획

167)

金 쇠 금 ◎

거푸집, 즉 금형金型에 동괴銅塊를 넣은 모습. 주ヽ가 동괴. 용례; 針(침 침), 銀(은 은), 錢(돈 전), 銳(날카로울 예), 鑄(쇠 부어 만들 주), 鐵(쇠 철)

168)

長 길 장 ○

긴 머리를 가진 사람의 옆모습으로 씨족의 장로長老. 고대에는 장로에게만 장발이 허용되었다고 한다.

용례; 彌(두루 미)

169)

門 문 문 ○

戶(지게문 호)가 양쪽에 있는 모습. 문門이나 호戶는 사당의 문, 즉 묘문廟門을 가리키는 경우가 많다.

용례; 閉(닫을 폐), 閑(한가할 한), 閣(누각 각), 閥(문벌 벌), 閱(검열할 열), 關(빗장 관)

170)

阜·阝 언덕 부 ○

본래는 신이 오르내리는 사다리의 모습이었지만 신성한 공간임을 나타내기 위해 치는 금줄의 형태로 바뀌었다. 부수로는 阝(좌부방)을 씀. 따라서 阝(좌부 방)을 포함한 문자는 성역聖域임을 나타내는 경우가 많다.

용례; 附(붙을 부), 限(지경 한), 降(내릴 강), 除(덜 제), 陰(그늘 음), 隱(숨길 은), 隣(이웃 린)

〈금줄 | 출처: 한국학중앙연구원〉

171)

隶 미칠 이 ●

짐승의 꼬리에 손(계크)이 닿은 모습.

용례; 隷(종 예)

172)

隹 새 추 ●

새의 모습. 고대에 새는 신의 사자使者로 여겼으므로, 신의 뜻을 알기 위해 새점을 치는 경우가 많았다. 추隹가 들어간 자형은 새점과 관련이 많다. 특히 조상신 숭배가 강했던 동아시아에서는 일정한 때와 장소에 돌아오는 철새를 조상의 영혼이 돌아온 것이라 믿었다.

용례; 準(평평할 준), 雇(품팔 고), 雜(섞일 잡), 舊(오래 구), 雙(둘 쌍), 難(어려울 난)

173)

雨 비 우 ○

비가 내리는 모습.

용례; 雪(눈 설), 電(번개 전), 震(벼락 진), 需(구할 수), 靈(영묘할 령), 露(이슬 로), 霧(안개 무)

174)

 푸를 청 ◎

生(날 생)과 丹(붉을 단)의 조합. 단丹은 땅을 파서(井 우물 정), 단丹(ヽ, 단)의 원료가 되는 주사朱砂를 캐는 모습. 청靑은 청단靑丹. 모두 단청丹靑의 염료染料로 쓰임. 단청은 색이 변하지 않기 때문에 영원 불변의 상징으로, 정화淨化나 성화聖化를 위해 쓰인 경우가 많다.
용례; 靖(편안할 정), 靜(고요할 정)

175)

 아닐 비 ○

양쪽으로 이가 촘촘히 난 참빗의 모습. 서로 대치하고 있는 모습에서 부정의 의미가 생겼다.
용례; 靡(쓰러질 미)

9획

176)

 낯 면 ○

눈을 강조한 얼굴의 모습 혹은 의례 때 쓰는 가면의 모습.
용례; 靦(부끄러울 전)

177)

 가죽 혁 ◎

짐승의 가죽을 펼친 모습. 무두질한 가죽은 韋(가죽 위).
용례; 靼(종족 이름 달)

178)

 가죽 위 ○

가죽을 발로 밟아 무두질하는 모습. 그러나 衛(지킬 위)·圍(둘레 위) 따위에 속하는 위韋는 성(국口)을 도는(천舛) 모양
용례; 韓(나라 이름 한)

179)

 부추 구 ●

부추가 자라는 모습. 불로장생不老長生의 채소로 귀중하게 여겼다.
용례; 韱(부추 섬)

180)

 소리 음 ○

거짓이면 묵형墨刑을 달게 받겠다고 하는 기도가 言(말씀 언). 그 신줏단지(ㅂ)에 신이 방문하여 내는 희미한 소리를 일一로 나타낸 자가 음音.
용례; 韶(풍류 이름 소), 韻(운치 운), 響(울릴 향)

181)

 머리 혈 ●

의례를 할 때 머리에 예관禮冠을 쓴 사람의 모습.
용례; 頂(정수리 정), 順(순할 순), 頌(칭송할 송),
領(목 령), 頻(자주 빈), 顯(나타날 현)

182)

 바람 풍 ○

풍風의 갑골문은 鳳(봉새 봉)과 같다. 신화에
서는 方神(방신; 사방의 신)의 사자로 여겼다.
범凡은 음부音符이지만, 배의 모습이어서 바
람과 의미에서도 관련이 있어 보인다. 새는 이
후 용龍의 모습인 훼虫로 바뀜.
용례; 颱(태풍 태)

183)

 날 비 ●

새가 나는 모습.
용례; 翻(뒤칠 번)

184)

 밥 식 ○

식기 위에 뚜껑을 덮은 모습.
용례; 飢(굶주릴 기), 飮(마실 음), 飯(밥 반),
飽(배부를 포), 餘(남을 여), 館(객사 관)

185)

 머리 수 ◎

머리카락이 있는 머리의 모습.
용례; 馘(귀 벨 괵)

186)

 향기 향 ●

黍(기장 서)와 기도문이 담긴 신줏단지(曰; 가
로 왈)의 조합. 제사를 지낼 때 좋은 향을 가진
기장을 바치는 모습.
용례; 馥(향기 복), 響(울릴 향)

10획

187)

 말 마 ○

갈기가 있는 말의 옆모습.
용례; 駕(멍에 가), 駐(말 머물 주), 駿(준마 준),
騎(말 탈 기), 驗(시험할 험), 驛(정거장 역)

188)

 뼈 골 ●

月(육달 월)=육肉을 제외한 부분은 사람 상체
의 뼈대.
용례; 骸(뼈 해), 髓(골수 수), 體(몸 체)

189)

高 높을 고 ○

시체를 넣고 지은 개선문(경京) 아래 신줏단지
(ㅂ)를 놓은 모습. 주술적 의례를 행하는 높은
건물로 신을 부르고, 신이 강림하는 곳이었다.
용례; 亭(정자 정)

190)

镸彡 머리털 드리워질 표 ●

長(길 장)은 머리칼이 긴 장로로 삼彡은 그 머
리칼이 빽빽한 모습을 나타낸다.
용례; 髮(터럭 발), 鬚(수염 수)

191)

鬥 싸울 투 ○

두 사람이 머리를 풀어헤치고 손으로 싸우는
모습.
용례; 鬪(싸울 투)

192)

鬯 울창주 창 ○

향기가 있는 울초鬱草를 술독에 담근 모습. 그
술을 울창주鬱鬯酒라 하고 제사 의례용으로
썼다.
용례; 鬱(막힐 울)

193)

鬲 솥 력 ○

鼎(솥 정)과 같이 세발 달린 솥.
용례; 鬻(미음 죽)

194)

鬼 귀신 귀 ●

귀신이나 도깨비의 모습. 뿔과 꼬리가 달려 있다.
용례; 魂(넋 혼), 魅(도깨비 매), 魄(넋 백), 魅
(도깨비 매), 魔(마귀 마)

11획

195)

魚 물고기 어 ○

물고기의 모습.
용례; 鮮(고울 선), 鯉(잉어 리), 鯨(고래 경),
鰍(미꾸라지 추), 鰥(홀아비 환)

196)

鳥 새 조 ○

새의 모습. 조鳥의 축약형은 추隹.
용례; 鳩(비둘기 구), 鳳(봉새 봉), 鳴(울 명),
鴻(큰 기러기 홍), 鷄(닭 계), 鵬(대붕 붕), 鷹(매
응)

197)

소금밭 로 ◎

바구니에 소금을 가득 채운 모습.
용례; 鹽(소금 염), 鹹(짤 함)

198)

사슴 록 ○

사슴의 모습.
용례; 麗(고울 려), 麒(기린 기), 麟(기린 린)

199)

보리 맥 ○

보리의 모습인 來(올 래)와 발의 모습인 쇠夊
를 더한 자. 발바닥 모습인 쇠夊는 보리 밟기
를 의미. 보리는 밟아줘야 잘 큰다.
용례; 麵(국수 면)

200)

삼 마 ●

사당(엄广)에 마를 걸어 놓은 모습. 삼 다발은
의례에 자주 쓰였다.
용례; 磨(갈 마)

12획

201)

누를 황 ○

갑골문의 자형은 불화살, 금문의 자형은 전신
에 걸치는 누런 패옥佩玉의 모습으로 모두 누
렇다는 뜻을 갖는다.
용례; 黅(누른빛 금)

202)

기장 서 ○

화禾와 수水의 조합. 기장은 제사에서 쓰는 술을
만드는 데 자주 사용되어, 수水가 포함되었다.
용례; 黏(차질 점)

203)

검을 흑 ◎

자루(동東)에 물건을 넣고 불(염炎)로 훈증燻蒸
(찜)하여 검은 색을 얻는 모습. 혹은 죄인 등의
얼굴에 문신형을 시행한 모습으로도 본다.
용례; 默(잠잠할 묵), 點(점 점), 黨(무리 당)

204)

바느질할 치 ◎

천(건巾)에 수를 놓고 있는 모습.
용례; 黼(수 보), 黻(수 놓을 불)

13획

205)

맹꽁이 맹 ●

맹꽁이의 모습.
용례; 鼈(자라 별)

206)

솥 정 ○

청동기로 만든 세발 솥. 신성한 이기彝器로서 벽
사辟邪의 기능과 함께 국가권력의 상징이 되기
도 하였다. 則(법칙 칙)·貞(점칠 정)·賊(도둑 적)
등에서 패貝는 조개가 아니라 정鼎의 축약형.
용례; 鼏(덮을 멱)

207)

북 고 ○

북(고鼓)을 북채로 치는(복攴) 모습.
용례; 鼛(큰북 고), 鼙(마상고 비)

208)

쥐 서 ●

이빨을 강조한 쥐의 모습. 족제비나 다람쥐 류
를 포함한다.
용례; 鼬(족제비 유)

14획

209)

코 비 ●

코의 모습인 自(스스로 자)와 음부音符인 畀
(줄 비)를 합한 자. 코는 얼굴에서 가장 돌출된
부분이기 때문에 端(실마리 단)의 의미가 있어
비조鼻祖 등의 말을 낳았다.
용례; 鼾(코골 한)

210)

가지런할 제 ◎

머리에 비녀를 세 개 가지런히 꼽은 모습. 부인
에 제사에 종사하기 위해 머리를 단정히 한 모
습이다.
용례; 齋(재계할 재)

15획

211)

 이 치 ○

입안에 이가 위아래로 있는 모습. 止는는 음부
音符. 이를 통해 동물의 나이를 알 수 있어 齡
(나이 령)이라는 글자도 만들어진다.

용례; 齡(나이 령), 齷(악착할 악), 齪(악착할
착)

17획

214)

 피리 약 ●

3개의 구멍이 있는 대나무 피리의 모습으로
籥(피리 약)의 본자. 신을 부르는 악기로 신사
에 자주 사용한다.

용례; 龢(풍류 조화될 화)

16획

212)

 용 룡 ◎

뱀 모양의 몸을 가진 용의 모습. 봉황, 호랑이
와 용 등 신령한 동물에는 신辛 모양의 장식이
머리에 붙었다. 용을 부리는 무당이 이를 통해
주술적 의례를 한 흔적이 있다.

용례; 龔(공손할 손)

213)

 거북 귀 ○

거북이의 모습. 거북이는 거북점에 사용되었
는데 그 모양이 天圓地方(천원지방:하늘은 둥
글고 땅은 네모나다)이고 장수하는 영물이었기
때문으로 생각된다. 이를 부수로 하는 자가 2

지적인 어휘 생활

지은이 김점식

이 책의 기획과 디자인은 노영현, 편집과 교정은 장현정,
출력과 인쇄 및 제본은 도담프린팅의 박황순, 종이는 태양기획의 양순철이
진행했습니다. 이 책의 성공적인 발행을 위해 애써주신
다른 모든 분들께도 감사드립니다. 틔움출판의 발행인은 장인형입니다.

초판 1쇄 인쇄 2023년 8월 4일
초판 1쇄 발행 2023년 8월 11일

펴낸 곳   틔움출판
출판등록   제313-2010-141호
주소   경기도 고양시 덕양구 청초로 66 덕은리버워크 A-2003
전화   02-6409-9585
팩스   0505-508-0248
홈페이지   www.tiumbooks.com

ISBN 979-11-91528-17-6 03700